Jean-Yves Leloup

Judas e Jesus: duas faces de uma única revelação

Tradução de Karin Andrea de Guise

VOZES

Título original francês: *Un homme trahi – Le roman de Judas*

Direitos de publicação em língua portuguesa:
2007, Editora Vozes Ltda.
Rua Frei Luís, 100
25689-900 Petrópolis, RJ
Internet: http://www.vozes.com.br
Brasil

Foi mantida a opção do autor na grafia dos nomes próprios em hebraico.

Editoração: Fernando Sergio Olivetti da Rocha
Projeto gráfico: AG.SR Desenv. Gráfico
Capa: Juliana Teresa Hannickel

ISBN 978-85-326-3463-4 (edição brasileira)
ISBN 2-226-17239-4 (edição francesa)

Dados Internacionais de Catalogação na Publicação (CIP)
(Câmara Brasileira do Livro, SP, Brasil)

Leloup, Jean-Yves
Judas e Jesus : duas faces de uma única revelação / Jean-Yves Leloup ; tradução de Karin Andrea de Guise. – Petrópolis, RJ : Vozes, 2007.

Título original: Um homme trahi : le roman de Judas

Bibliografia.

1. Jesus Cristo 2. Judas Iscariotes I. Título.

07-0627 CDD-226.092

Índices para catálogo sistemático:

1. Jesus – Judas : Revelação : Evangelhos : Biografia 226.092
2. Judas – Jesus : Revelação : Biografia 226.092

Este livro foi composto e impresso pela Editora Vozes Ltda.

Para Michelle de Broca,
Para Patrick e Natasha Alessandrin
E à exigência de suas questões...

Sentido da minha obra:
Tantos homens privados da graça?
Como viver sem a graça?
Devemos nos dedicar a isso
E fazer o que o cristianismo
nunca fez:
ocupar-nos dos malditos.

Albert Camus

Sumário

I

Infância

Judas tinha oito anos quando, pela primeira vez, algumas crianças lhe atiraram pedras. Um deles gritava: "Por que você é tão feio, Judas, tão ruim? É culpa sua ou é culpa dos seus pais?"

Essas palavras o faziam fugir, mais para esconder suas lágrimas do que para evitar as pedras.

Quem o colocara no mundo desta forma e por quê? Qual obscuro desígnio fizera ele nascer tão feio, desde cedo tão violento e, sobretudo, tão infeliz? Mais tarde ele desenvolveu esta questão: "Sou eu o culpado? Será que ao nascer eu herdei os atos das minhas vidas anteriores - talvez eu tenha sido bonito demais, talvez eu tenha abusado da minha sedução e feito sofrer aqueles que me cercavam e é por isso que agora estou colhendo os frutos das minhas ações, 'colhemos aquilo que semeamos'... Ou será que a culpa é dos meus pais? Será que sou o resultado de sua falta de amor e de seus vícios?"

Tanto em um caso como em outro, se quisermos seguir uma lógica, deveríamos nos perguntar por que, numa vida anterior, tivemos este comportamento e, desta maneira, iríamos passando de vida anterior à vida anterior, ou de pais a avós, até chegarmos a um ancestral primeiro, ou a uma causa primeira: um primeiro culpado... esta causa primeira, este primeiro culpado não seria outro senão aquele que chamamos "Deus".

Era preciso buscar um culpado, alguém que ele pudesse responsabilizar por tanto infortúnio. Antes de acusar a si mesmo e de rememorar um passado do qual ele não tinha a menor lembrança, Judas preferia acusar seus pais. Quanto a isso, nenhuma pessoa piedosa ou instruída poderia contradizê-lo.

Sua família inspirava a todos a repulsa. Eles eram íntimos de Herodes, o rei sanguinário que acabara de morrer e que era cúmplice do invasor romano na opressão dos desvalidos. Diziam de Herodes "que ele subira ao trono como uma raposa, que governara como um tigre e morrera como um cão".

No entanto, fora ele, Herodes, o Grande, quem reconstruíra o Templo de Jerusalém em todo seu esplendor como na época do Rei Salomão. Mas, com esse gesto, ele pensava estar exaltando sua própria glória e não a glória de Deus... À medida que ele envelhecia seu caráter só piorava. Tendo assassinado todos seus rivais políticos, ele voltou-se para sua própria família: seus dois filhos mais velhos, Alexandre e Aristóbulo, foram estrangulados, assim como trezentos dos seus partidários. Seu filho Antipater fora preso dois dias antes do seu próprio falecimento e condenado à morte. Também sabemos que ele mandara assassinar várias crianças inocentes, pois tinham lhe dito que um deles poderia ser o Messias...

Judas não se lembrava do dia deste massacre, mas quando uma pessoa próxima a seu pai lhe contara esta história, ele começara a vomitar de vergonha e horror. Como era possível matar inocentes desta maneira? O Messias nascido naquele momento só poderia ter a consciência pesada e se sentir culpado por ter provocado tal carnificina. Como podia ser possível que judeus, homens do seu sangue e da mais alta elite, pudessem ter cometido um ato proibido pela Torah de Moisés: "Não matarás"? Como YHWH pôde fazer o nascimento de um messias coincidir com o massacre de inocentes? O nascimento do mais belo e aguardado filho dos homens poderia justificar o mais inaceitável dos crimes?

Logo cedo Judas sentiu-se um estranho entre os seus. Os laços de sangue lhe pareciam ser demasiado "sangrentos" ou "sanguinários".

Diziam que ele tinha sido concebido em uma noite de orgia à qual sua mãe, como de hábito, se entregara. Rubens Simão o reconhecera como filho, apesar de não haver nenhuma certeza. Judas não se parecia com ele, na verdade ele não se parecia com ninguém (algumas más línguas se perguntavam se tinha sido com um homem que sua mãe fornicara naquela noite).

Apesar de tudo, a criança cresceu e se desenvolveu normalmente. No entanto, devido à sua feiúra, foi-lhe proibido freqüentar a sociedade ou os amigos da família que conviviam com seus irmãos e irmãs.

Tão logo ele aprendeu a ler, passou a buscar consolo na leitura dos livros santos, particularmente no livro de Jó, personagem possivelmente mítica, mas que ele sentia próximo de si como um irmão. Assim como Jó, logo cedo ele aprendeu a amaldiçoar o dia do seu nascimento:

> Pereça o dia em que nasci
> E a noite em que se disse:
> Foi concebido um homem.
> Converta-se aquele dia em trevas,
> Deus não olhe para ele do alto do céu,
> Nem seja iluminado pela luz.
> Escureçam-no as trevas e a sombra da morte,
> Cerque-o uma negra escuridão,
> E seja envolto em amargura.
> Um tenebroso redemoinho ocupe aquela noite,
> Não seja contado entre os dias do ano,
> Nem seja enumerado entre os meses.
> Seja solitária aquela noite, nem seja digna de louvor;
> Amaldiçoem-na aqueles que amaldiçoam o dia,
> E os que estão prontos para suscitar leviatã.
> Escureçam-se as estrelas com suas trevas;
> Espere a luz, mas não a veja,
> Nem veja o despontar da aurora nascente;
> Porque não fechou o ventre que me trouxe,
> Nem apartou de meus olhos os males.
> Por que não morri eu dentro do ventre materno?
> Por que não pereci logo que saí dele?
> Por que fui acolhido entre os joelhos (de meu pai)?

Por que me amamentaram aos seios?
Porque agora, dormindo, estaria em silêncio,
e descansaria no meu sono,
juntamente com os reis e com os árbitros da terra,
que fabricam para si solidões,
ou com os príncipes que possuem ouro,
e que enchem suas casas de prata;
ou como um aborto escondido, eu não existiria,
ou como os que, depois de concebidos,
não viram a luz (Jó 3,3-16).

Judas se espantava por encontrar no texto sagrado uma apologia ao aborto, mas como era fácil compreendê-la! De que valia nascer, se era para suportar o desprezo daqueles que lhe eram próximos, a rejeição daqueles que gostaríamos de amar e o sofrimento de viver em um corpo que não podíamos escolher... Como era possível viver em uma família que matara inocentes? "Não teria sido melhor se eu tivesse morrido com eles? Ao menos minha lembrança estaria ligada à do Messias que acabara de nascer..."

Como pressagiavam todas as estratégias políticas, tanto em Roma como em Jerusalém, a morte do Rei Herodes, o Grande, mergulhou a Judéia no caos. Os dois sucessores em potencial, Arquelau e Antipas, precipitaram-se para Roma onde Augusto tinha em mãos as regras para a sucessão. Arquelau, o mais velho, filho de uma samaritana, obtivera apenas a metade do reino de seu pai e o título de Etnarca[1] da Judéia e da Samaria; Antipas seria o Tetrarca da Galiléia e da Peréia. Ao atiçar o ódio entre os dois irmãos, o administrador romano esperava poder controlar melhor todos os grupos de resistência à ocupação, especialmente os zelotes aos quais Judas se ligaria mais tarde. Por enquanto ele continuava submisso não a seus pais, mas aos empregados aos quais seus pais tinham dado todo poder para educá-lo, não tendo eles próprios nem tempo ou desejo para cuidar dele.

---

1. Governador de província (N.T.).

Assim, desde cedo Judas viu-se entregue a si mesmo e a estranhos sonhos. Mesmo que os outros o achassem feio, ele sabia que sua alma era nobre e bela, que ela possuía uma realeza outra que a da família de Herodes. Se os fariseus, os essênios e outros observadores devotos da Lei o consideravam impuro, não apenas devido aos hábitos da sua família, mas também por causa das ligações que esta mantinha com o invasor, ele se sabia justo em suas intenções. Faminto e sedento de justiça, muito cedo ele pensara ter recebido a missão de trabalhar para a vinda do "Reino de Deus".

Quando, na idade de doze anos, ele fora levado a Jerusalém e, graças às relações de seus pais, fora introduzido no interior do Templo, no recinto onde os animais eram estrangulados e queimados para os holocaustos e os sacrifícios, o odor do sangue e da carne queimada lhe chegou até seu coração e sua garganta, fazendo-o desmaiar, e as palavras da Escritura chegaram até ele como se expressassem sua própria oração:

> Adonai, não lhe agradam nem os sacrifícios, nem as oblações, mas tu me destes um corpo, então eu disse: "eu venho, meu Deus, para fazer a tua vontade".

Ao despertar, ele refletiu sobre aquilo que acabara de pensar ou de orar; se Deus não aceita os holocaustos, por que ele deveria sacrificar seu corpo para fazer sua vontade? Por que um messias deveria morrer para o povo que ele justamente deveria libertar da escravidão e da morte? Na verdade, Judas dava pouca importância à sua vida, ele simplesmente buscava uma causa que lhe permitisse entregá-la, uma oportunidade onde ele pudesse se esvaziar do seu sangue ruim e se revestir de um corpo de luz. Dessa maneira, ele mostraria que a sua feiúra não era um castigo de Deus, mas a possibilidade para que ele se misturasse aos mais pobres e aos excluídos, podendo assim prepará-los para a revolta contra a injustiça, contra essa blasfêmia representada pela ocupação da terra santa e sagrada pelos ímpios e infiéis.

Era preciso vingar Deus ou obrigá-lo a manter suas promessas.

Foi em um grupo de zelotes que ele encontrou um eco favorável aos pensamentos e aos sentimentos obscuros que convulsionavam sua alma.

Rapidamente, os zelotes tornaram-se uma nova família para ele.

"A verdadeira", dizia ele, "aquela que escolhemos. Qual a importância dos elos de sangue se comparados aos do espírito? Estar unido por um mesmo ideal, uma mesma fé – existe algo mais sólido do que isto?"

II

Zelote

Judas adorava o nome (Yehoudah em hebraico) que Rubens Simão, seu pai, lhe dera, apesar deste tê-lo feito por ironia...

Judas ou Yehoudah era o nome do quarto filho de Jacó e Lea, aquele que é mencionado no livro do Gênesis:

Concebeu quarta vez e deu à luz um filho, e disse: Agora louvarei o Senhor, e por isso pôs-lhe o nome de Judas; e cessou de dar à luz (Gn 29,35).

Ele adorava as cinco consoantes do seu nome – YHWDH – onde era possível reencontrar o Nome divino, o Tetragrama YHWH e as letras HWDH que significam "louvar". Judas é o chefe da tribo que deve se consagrar ao "louvor" de YHWH. Depois disto, Lea cessou de dar à luz, ela trouxe ao mundo o essencial; é por esta razão que Israel existe: para dar testemunho e louvar o Eterno, o Único, aquilo pelo qual tudo subsiste. Seu nome era sua missão: apesar deste corpo, deste rosto e desta ingrata herança, ele tinha como missão louvar "o Ser que é o que é" e destruir tudo que se opusesse a este justo louvor, a esta *ortodoxia*[2]...

Havia ainda um outro nome que lhe agradava e que também continha o Tetragrama sagrado: "Yeshoua" que significa: "Deus, YHWH, é o Salvador, o Libertador". Tendo em vista suas aspirações de ver seu povo libertado, Judas achava que o Nome Yeshoua

---

2. Em grego: *orthos* = justo; *doxa* = louvor.

teria lhe caído melhor e teria sido de mais ajuda para auxiliá-lo a se "programar" como Messias ou colaborador do Messias de Israel.

Judas ainda não se considerava um possível messias para os judaicos, sua tribo, mas muitas vezes ele se sentia perturbado ao ler o Livro dos Profetas que narrava, em Isaías, a vinda de um messias, sem beleza e sem esplendor, que carregava consigo a rejeição do povo que ele viera salvar. Cada uma das palavras parecia ter sido especialmente escrita para ele:

> E ele subirá como arbusto diante dele,
> E como raiz que sai de uma terra sequiosa,
> Ele não tem beleza, nem formosura,
> E vimo-lo e não tinha aparência do que era,
> E por isso não fizemos caso dele.
> Ele era desprezado, e o último dos homens,
> um homem de dores;
> E experimentado nos sofrimentos, e o seu rosto estava encoberto;
> Era desprezado, e por isso nenhum caso fizeram dele.
> Verdadeiramente ele foi o que tomou sobre si as nossas fraquezas (e pecados).
> E ele mesmo carregou com as nossas dores,
> E nós o reputamos como um leproso,
> E como um homem ferido por Deus e humilhado.
> Mas foi ferido por causa das nossas iniqüidades,
> Foi despedaçado por causa dos nossos crimes;
> O castigo que nos devia trazer a paz caiu sobre ele,
> E nós fomos sarados com as suas pisaduras (Is 53,2-5).

Se não era dele de quem falava o profeta, ele gostaria, ao menos, de ser próximo deste Messias.

Foi junto aos zelotes, aqueles que têm "zelo" ou ardor por Deus e pela Torah, que ele encontrou uma confirmação para sua vocação. Eles também eram chamados de "sicários", nome derivado deste pequeno punhal do qual eles nunca se separavam e que era um lembrete de que existe uma violência e uma guerra justas quando a honra de Deus, de sua terra e dos homens a quem ela é prometida é injuriada ou colocada em xeque.

Ele se aproximou de um outro Judas, conhecido como Judas, o Galileu, filho do célebre Ezequias que se revoltara contra os romanos e contra o poder do Rei Herodes. Após a morte do seu pai, assassinado por Herodes, e após a morte deste último, Judas tinha retomado a tocha e tomara de assalto o arsenal de Seéforis com a ajuda de um grupo de partidários. Ele dispunha agora das armas do butim para conduzir sua própria luta armada...

Quando o procurador romano Quirinius ordenou um recenseamento para que ninguém escapasse do imposto devido a César, os judeus de Jerusalém ficaram divididos: o grande sacerdote Joazar aconselhou que os fiéis se curvassem às exigências do invasor... Judas, apoiado pelo fariseu Sadoq, propôs ao povo que resistisse. Ele fez espalhar a crença de que era vergonhoso consentir em pagar um tributo aos romanos e, sobretudo, tolerar um outro senhor, ainda por cima mortal, além de Deus.

Foi a partir deste momento que Judas, o Galileu, tornou-se chefe de um verdadeiro exército cada vez mais numeroso, que vivia refugiado nos planaltos, mas que possuía bases seguras em Jerusalém. Foi em uma dessas bases que ele encontrou pela primeira vez Judas que dali em diante passaria a ser chamado de "Iscariotes" ou "o homem de Kheriot", sua cidade natal. Mesmo nome, mesmo ideal: era preciso acabar o mais rápido possível com os Herodes e com o invasor romano, expulsar todos os demônios da terra santa através da fé e da força.

Os zelotes eram apoiados pelo povo assoberbado pelos impostos, mas também pelos fariseus que, apesar de não aprovarem sua violência, compartilhavam do seu zelo pela rígida aplicação da Torah.

Os zelotes consideravam os saduceus e os levitas, as grandes famílias sacerdotais que enriqueciam com a renda do templo e que colaboravam com o ímpio poder de Roma, inimigos de Deus e de seu povo. Os essênios, que tinham rompido com os grandes sacerdotes do templo, eram mais tolerados. Vivendo retirados no deserto, eles acreditavam que através da sua vida pura e de suas preces eles iriam apressar a manifestação do Mestre da Justiça que eles consideravam, se não como o Messias, como seu precursor.

Para Judas, era evidente que o Messias anunciado pelos profetas seria também o "rei dos judeus" aguardado pelo povo e não proviria da linhagem de Herodes; sua descendência de origem idumaica era judia apenas "pela metade" e eles se conduziam como pagãos.

O título de "rei dos judeus, messias" só poderia ser carregado por um homem de raça pura e comportamento irrepreensível. Este é o título supremo, maior do que *cohen* (sacerdote), maior do que *nabi* (profeta). No entanto, Judas sabia que os romanos tinham abolido a realeza e seria arriscado apresentar-se como rei sem se fazer rapidamente crucificar. Além disso, aqueles que tinham se apresentado como tal não mereciam este título. A Judéia estava infestada de bandos que cometiam atos de pilhagem e onde quer que uma multidão de descontentes se reunisse, um rei era eleito, para infelicidade da nação, pois esses reis representavam um obstáculo mínimo para os romanos. Em contrapartida, para seus compatriotas eles eram "o flagelo que avança nas trevas"[3].

Judas lembrava-se bem de Simão da Transjordânia, um dos funcionários de Herodes, homem de alta estatura, dono de grande beleza e coragem que se fizera proclamar "rei dos judeus". Ele pilhara o palácio real de Jericó, incendiara um número significativo de outros palácios durante seus embates até ter sido feito prisioneiro pelo procurador romano Gratus que fez com que ele fosse decapitado.

Havia também um pastor chamado Athronges, que era superior apenas na sua alta estatura e na sua força física. Ele possuía quatro irmãos tão grandes e fortes quanto ele. Todas essas qualidades fascinavam o Judas adolescente em quem não era possível vislumbrar a beleza e a força física. Um guardião de cabras pode reunir um grande número de partidários, incitar o ódio contra os romanos e os soldados de Herodes, mas isso ainda não o tornava merecedor do título "rei dos judeus" ou "messias".

Apenas a perfeição moral e a pureza da intenção poderiam justificar a violência. Por enquanto era Judas, o Galileu, quem mais se aproximava do seu ideal, mas lhe faltava instrução. Ora, para Judas, o zelo por Deus e a justiça deveriam estar fundamentados sobre o conhecimento e o estudo profundo da Torah e das Escrituras.

---

3. Cf. Flávio Josefo. *História dos judeus.*

Todos esses presunçosos homens de guerra que tinham se apresentado como "reis e messias" dedicavam pouquíssimo tempo ao estudo. Para Judas, suas invocações pareciam ser por demais rituais quando eles invocavam o Santo Nome antes de se lançarem na batalha. Elas não impregnavam suficientemente seus músculos, suas medulas e seu sangue para que eles pudessem sentir que eram realmente a mão e o braço da cólera de Deus.

Foi com grande emoção que em uma certa sexta-feira, pouco antes da entrada no Shabbat, Judas recebeu das próprias mãos de Judas, o Galileu, o punhal que fazia dele um *sicarius*. Por um instante, ele ficou surpreso diante da estranha coincidência entre seu nome: Judas de Kerioth, o homem de Kerioth e Iscariotes, de sicário, punhal, "o homem do punhal"...

Ele prometeu a si mesmo que não o utilizaria da maneira corrente entre os "sicários", que se misturavam à multidão e, em um momento de grande afluência, de desordem e de burburinho, se serviam deste curto e discreto punhal para introduzi-lo nas costas de uma pessoa que eles tinham reconhecido como inimiga de Deus, colaborador do ímpio império ou da falsa crença... Uma vez dado o golpe fatal, após o punhal ter atravessado o coração do inimigo, o sicário gritava "pega o assassino" fazendo estrangular aquele que ele designava como culpado. Isso só poderia criar um belo tumulto, do qual ele escapulia no momento favorável...

Judas não aprovava esta prática. Matar alguém pelas costas lhe parecia um ato indigno de um homem piedoso. Ele preferia o método dos mais nobres entre os sicários: eles se aproximavam daquele que deveria ser suprimido, o olhavam nos olhos e o cumprimentavam no rosto; no momento de dar o beijo fraterno convencional, eles mergulhavam o punhal no seu coração. Não seria esta a única maneira de saudar honesta e religiosamente os inimigos do povo eleito?

Judas, o Galileu, não fez um longo discurso ao lhe entregar seu punhal, ele apenas disse: "Saiba que de agora em diante é a mão do Altíssimo, o juiz temível, que segura o punhal. Que sua mão esteja na sua mão e você verá a justiça restabelecida em Israel e o Reino do Messias".

Neste instante, uma passagem do Livro das Escrituras lhe veio à lembrança: quando Judas, o filho de Jacó, entregou em troca de algumas moedas de prata seu irmão José, ele não estava cometendo um crime, pois alguns anos mais tarde foi graças a seu irmão José, vendido aos egípcios, que sua família encontrou abrigo e alimento.

YHWH permite o mal para que dele possa advir um bem maior. "Ele permite que eu carregue um punhal para que os pobres e oprimidos de Israel encontrem um dia sua dignidade". Internamente, ele se dava a autorização para derramar o sangue "por uma boa causa". No entanto, ele ainda não aprovava as palavras ouvidas da boca de um chefe zelote: "Mate-os a todos, não poupe ninguém! Deus reconhecerá os seus!"

Judas continuava sendo inteligente e prudente. Não estava escrito que não deveríamos invocar o nome de Deus em vão? Esse Santo Nome é feito para inspirar o louvor e a adoração. Infelizes daqueles que se servirem dele para justificar seus crimes!

Enquanto ele refletia sobre esses pensamentos, um homem de belo porte aproximou-se. Ele tinha um rosto tranqüilo que contrastava com os rostos tensos dos demais homens que o cercavam.

"Eu me chamo Simão", disse ele, "e gostaria de falar com você. Um dia, se você passar por Cafarnaum, às margens do lago, venha me ver! Minha casa não é longe da casa de um outro Simão, um pescador que não passará despercebido, pois ele enche o porto com seus gritos e suas brigas com sua mulher, sua filha e sua sogra... Pergunte por Simão, o Zelote, pois é assim que todos me conhecem. Nós pertencemos à mesma família, então, até logo!"

Judas sorriu e deu graças a Deus. Hoje, no momento da entrada do Shabbat, ele recebia não apenas um punhal, uma adaga para fazer a justiça reinar, ele recebia também um pai bem diferente do seu pai de sangue que também se chamava Simão.

"Simão, o Zelote, hoje você me libertou de Simão, o Herodes. Sim, os elos mais profundos são os do coração e do dever sagrado. O que são as fatalidades impostas pela natureza se comparadas aos presentes que podemos nos oferecer se tivermos a coragem para nos libertarmos...

Até logo, meu pai, meu irmão, meu amigo!"

Para selar esse reconhecimento ou essa promessa, eles se beijaram.

III

Cafarnaum

Judas Iscariotes decidiu deixar Judas, o Galileu e seus partidários após ter passado diversas semanas ao seu lado. Ele pensava em Simão. Este "não sei o quê" de tranqüilo no seu olhar o tinha tocado. Assim como ele, Simão carregava um punhal, ele era um verdadeiro zelote, mas nele não havia ódio. "Eis alguém", pensava Judas, "capaz de executar o inimigo sem sentir nenhuma emoção inútil, nem prazer ou ódio, apenas justiça. Ele não deve se lançar sobre o adversário, a eficácia e a precisão de um único golpe devem ser suficientes".

As motivações dos zelotes lhe pareciam, sem dúvida, demasiado políticas. Será que eles estavam realmente procurando o Reino de Deus? Ou simplesmente um mundo melhor, sem taxas ou impostos?, ou seja, sem Herodes e sem romanos, uma vida tranqüila de trabalho com algumas visitas ao Templo e esta horrível boa consciência que é o oposto total da consciência? É claro que eles falavam sobre o Messias, mas eles não sonhavam com isso durante a noite, eles não despertavam, como Judas, em pleno sono porque de repente uma voz dentro dele murmurava: "Meu Senhor e meu Deus".

A idéia de ir para a Galiléia lhe agradava. Para ele, este era um lugar onde passar as férias, os campos eram belos e floridos, ricos em árvores frutíferas: limões, laranjas, tangerinas... A cor e o sabor desses frutos eram uma agradável mudança após as austeras areias do deserto da Judéia e ele adorava essa mudança.

Ao descer para Jericó, dois viajantes que chegavam do Jordão lhe comunicaram que Yohanan, o Batista, não se encontrava mais lá, pois Herodes Antipas, o sucessor de Herodes, o Grande, tinha mandado prendê-lo e ele estava agora apodrecendo na prisão.

Judas tinha vagamente ouvido falar daquele que alguns zelotes consideravam um profeta. Ele possuía a violência e a força dos seus, mas sua doutrina, segundo Judas, o Galileu, era fraca e inútil. Ele injuriava veementemente os hipócritas, quer fossem sacerdotes ou fariseus, ricos ou pobres, mas isso não era suficiente. Não era mergulhando as pessoas na água e pedindo que elas se convertessem que ele iria expulsar o invasor romano e restabelecer a justiça em Israel. De que serve a virtude se ela não portar armas que a farão ser respeitada?

A prova de que Yohanan, o Batista, se enganara era justamente o fato de ele ter sido preso. A única resistência que ele ofereceu a seus adversários foram invocações piedosas e argutas... Judas, que conhecia bem o suficiente Herodíades, a mulher de Herodes, não tinha nenhuma dúvida de que ele acabaria sendo decapitado.

Os dois viajantes tentaram convencer Judas: "A espada e a justiça nas mãos de um homem injusto só podem produzir injustiça. Yohanan tem razão em afirmar que a grande 'guerra santa' é a batalha contra as paixões que nos desviam do justo caminho e que desorientam nosso coração. Os zelotes praticam apenas a pequena guerra santa que é um erro; não é possível sair da violência através da violência".

"Devemos fazer uma coisa sem omitir a outra", respondeu Judas; "não existem guerras grandes ou pequenas, o importante é a santidade da nossa intenção".

Os dois viajantes também estavam se encaminhando a Tiberíades que fica a alguns quilômetros de Cafarnaum. Eles se alegravam ao pensar no lago da Galiléia. Esses homens do deserto sabiam se enternecer e se maravilhar diante do milagre de um poço, de uma árvore ou de uma flor.

Yohanan, o Batista, não era um essênio, mas ele possuía o seu rigor e um "não sei o quê" de arisco com relação aos enfermos, às crianças e às mulheres.

- O que o diferencia dos essênios?, perguntou Judas.

- Ele acredita que o homem não nasce totalmente determinado, que ele é perfectível, que ele pode mudar, converter-se e isso é simbolizado pelo mergulho nas águas. Nos lavamos da nossa velha vida, dos nossos maus hábitos e, purificados, podemos começar uma nova vida; ou a mesma vida, mas de maneira diferente. Os essênios não acreditam nisso. Eles acreditam que ou somos "filhos da luz" ou "filhos das trevas" e nenhum mergulho poderá mudar isso. Existem apenas eleitos ou excluídos, bons ou maus, puros ou impuros.

- E quem são os puros?, perguntou Judas.

- Os essênios, evidentemente, responderam os viajantes. Yohanan diz que não somos predestinados; não importa nosso nascimento e as lembranças que carregamos dentro de nós, o que nos torna puros é a maneira como conduzimos nossa vida, ou seja, de maneira justa e direita.

- Puros e bons para nada, acrescentou Judas. Decididamente, nada de bom podia sair da Judéia, apenas ascetas retirados do mundo, puros que deixam os pobres morrerem de fome e que fogem diante do opressor.

- Esses filhos da luz não têm mais valia do que os filhos das trevas, resmungou ele cuspindo no chão...

- Aos seus olhos, quem terá a graça, Judas? Os zelotes, de cujo grupo você faz parte, também parecem não satisfazê-lo! Você é um verdadeiro israelita que não suporta a mediocridade ou a mentira. As pessoas da sua espécie devem se sentir bastante sozinhas hoje em dia.

Judas pensou em Simão. "Talvez eu não esteja assim tão sozinho", disse ele, tendo nos olhos a sombra de um sorriso que era como um clarão de esperança.

Os dois viajantes confidenciaram-lhe, então, um fato estranho. Pouco antes da sua prisão, Yohanan recebera a visita de seu primo Yeshoua e no momento em que Yeshoua ia ser mergulhado nas águas do Jordão, Yohanan sentiu-se perturbado e hesitou: "Não sou eu quem devo purificá-lo" dizia ele, "eu não sou digno de desatar o nó de suas sandálias..."

– Não ouvimos a continuação da sua conversa, mas toda a atmosfera estava estranha, os pássaros voavam em círculo em volta de suas cabeças... Os discípulos de Yohanan o deixaram para seguir esse homem, alguns dizem que é ele que nós esperamos.

Judas estremeceu:

– O Messias?

Os outros não ousaram responder.

– É o que nos diz nosso mestre Yohanan, mas nós não o conhecemos. Talvez Yohanan o tenha escolhido para sucedê-lo por ele ser seu primo.

– Mas Yohanan jamais disse que ele era o Messias!

– É verdade, mas ele também disse que tinha sido enviado antes do Messias para aplainar o caminho.

– Seu asceta deve estar malnutrido, pois o jejum está provocando alucinações! Se ele fosse o Messias, nós saberíamos! O Messias deve ser uma evidência, até mesmo os ímpios não poderão duvidar da sua presença!

– Se não pudéssemos duvidar, não seríamos mais homens, respondeu um dos companheiros.

– Desde o princípio da criação o próprio Deus não procura nos convencer da sua existência. Ele nos mostra pegadas suficientes para que acreditemos e brisa suficiente para apagá-las... A vida nos dá a ilusão de sermos livres ou talvez nós sejamos realmente livres, acrescentou Judas, o que era uma maneira de concordar com eles e de dizer-lhes até logo, pois estavam agora chegando a Tiberíades.

Tiberíades, a cidade de todos os vícios, pensou ele cuspindo novamente no chão; construída por Tibério para se equiparar às grandes capitais do império. "Que o seu pó ao pó retorne..."

Caminhando agora sozinho, ele se apressou em direção a Cafarnaum... Uma bela casa às margens do lago chamou sua atenção. Ela era próxima à cidade de Magdala, sem dúvida a residência secundária de Lázaro da Betânia, seu amigo, que ele conhecera durante a época de estudante em Jerusalém. Lázaro lhe contara que ele ia freqüentemente passar as férias nessa casa junto com seus pais e suas duas irmãs, Marta e Míriam...

Simão o prevenira. Mal tendo chegado a Cafarnaum, Judas ouviu um homem grande de aspecto saudável, com os cabelos já brancos, que agitava a multidão:

– Ele a curou, ele a curou!

– Quem?, perguntou Judas.

– Minha sogra! Ela estava fervendo de febre e agora, olhe! Ela está correndo por aí...!

– Você não é Simão?, perguntou Judas.

– De onde você me conhece, estrangeiro? Sim, eu sou Simão, Simão Pedro para agradar ao Rabi!

– Ao Rabi?

– Você não o conhece? Yeshoua de Nazaré, aquele que interpreta a Torah como se ela fosse um peixe fresco, a carne se solta facilmente das espinhas.

– Carne? Espinhas?

– Sim, a graça e a lei, o amor e a justiça... se você quiser. Só devemos guardar aquilo que é "comestível", disse Simão Pedro com uma boca gulosa, sem saber direito se estava dizendo algo banal ou se revelava um segredo.

– Se você separar a carne das espinhas, respondeu Judas, ele deixa de ser um peixe fresco, é um peixe morto...

– Ah! O Senhor inteligente quer ter a última palavra... Fique com sua palavra morta, sua Escritura cheia de espinhas, eu tenho fome e quero um alimento vivo!

"Como é possível que esses pescadores ignorantes e sem instrução falem dessa maneira da palavra escrita, da Torah?", pensou Judas.

- Volte para suas redes, Simão, e diga-me onde posso encontrar o outro Simão, o Zelote.

- Caminhe mais um pouco, é a quarta casa à direita!

Simão Pedro acompanhou sua frase de um gesto largo e de um grande sorriso.

Judas esperava que ele fosse responder ao seu desdém com ainda mais desdém. Normalmente, após ter dito uma palavra ríspida, ele costumava ser relembrado da sua feiúra e as pessoas piedosas não esqueciam de dizer-lhe que isso era um castigo de Deus, sem dúvida, a conseqüência de atos repreensíveis ou perversos...

Simão, o Zelote, o acolheu com alegria.

A alegria era uma atitude completamente ignorada por Judas, ela lhe parecia até mesmo suspeita. Como era possível alegrar-se em um mundo onde havia tanta injustiça e sofrimento?

- O que está acontecendo com as pessoas daqui?, perguntou Judas a Simão. Eu zombo abertamente de um pescador de pequenos peixes e ele me responde com um enorme sorriso! O que está acontecendo com todos vocês para estarem assim tão felizes? Parece que o céu está descendo sobre suas cabeças! A alegria é o ar do mundo por vir, ela não é para agora, estamos no tempo das lágrimas e da cólera, guarde a alegria para o dia em que o Messias vier!

- Você não poderia ter dito melhor!, respondeu rindo Simão, o Zelote.

IV

Ensinamentos

A insinuação de Simão merecia ser verificada.

- De quem você está falando? Você acha realmente que o Rabi de Nazaré é um messias, um enviado de Deus? Ele é um dos nossos?

- Sem dúvida alguma, respondeu Simão. Ontem eu o ouvi dizer à multidão:

> Julgais que vim trazer paz a terra? Não, vos digo eu, mas separação; numa casa cinco pessoas, divididas três contra duas, e duas contra três. Estarão divididos o pai contra o filho e o filho contra seu pai; a mãe contra a filha e a filha contra a mãe; a sogra contra a sua nora, e a nora contra a sua sogra (cf. Mt 10,14; Lc 12,51-53).

Essas palavras deixaram Judas à vontade. Ele perguntou:

- Ele carrega o punhal?

- Não, mas suas palavras são mais cortantes do que a espada mais afiada. Ele é capaz de chamar os notáveis de "sepulcros esbranquiçados" e de "lobos vorazes". Ele aprendeu bem a lição com seu primo Yohanan, o Batista. Ele chega até a ser mais explícito: "Quem não está comigo, está contra mim" - essas são suas palavras. Um dia ele até mesmo disse que aquele que ama seu pai ou sua mãe mais do que a ele não é digno dele, quem ama seu filho ou filha mais do que a ele não é digno dele..." (cf. Lc 14,26-27; Mt 16,24-25; Mc 8,34-35; Lc 9,23-24; Lc 17,33; Jo 12,25).

- Ele realmente acredita ser o Messias!

- De qualquer maneira, ele tem a autoridade de um Messias. Nenhum homem jamais falou como este homem.

- Mas ele parece não ter respeito por nada, nem mesmo pela família e, no entanto, a família é o valor mais sagrado para nós, judeus.

- Ele fala de uma outra família. Outro dia, seus irmãos, sua mãe e suas irmãs vieram de Nazaré e pediram para vê-lo. Ele pareceu surpreso: "Quem são minha mãe, meus irmãos e minhas irmãs?" Depois ele dirigiu-se a nós dizendo: "Eis meus irmãos e minhas irmãs, aqueles que vivem a palavra de Deus, eis a minha verdadeira família".

Judas estava exultante. Sabemos o que ele pensava a respeito dos laços de sangue. Enfim alguém que não colocava a família acima de tudo e que não fazia das pequenas alegrias domésticas, nem mesmo da felicidade, o objetivo da vida humana! Uma coisa ainda o preocupava: Ele é casado? Segundo a nossa lei, para ensinar na sinagoga como ele faz, é preciso ser casado, senão ele não será considerado "inteiro" e toda forma de ensinamento lhe será recusada[4].

- Ele com certeza é inteiro, com todas as mulheres que o cercam!

Simão deu uma gargalhada.

- Aliás, essa é uma das poucas coisas da qual eu não gosto nele: as mulheres que o cercam. Isso não é bom para um guerreiro, pois só serve para dispersar a energia vital. Para nós, as mulheres, como você sabe, não têm direito ao estudo. Já ele diz que as mulheres são "homens" como os outros, que Deus criou a todos iguais, "lado a lado", que elas também aguardam o Messias. Mas, respondendo à sua pergunta: eu não tenho certeza se ele tem algum compromisso com uma mulher em particular, mas é óbvio que ele tem suas preferências. A bela Míriam de Magdala, que também é muito inteligente e culta, parece gozar de uma certa proeminência e de

---

4. Cf. Jean-Yves Leloup. *Tout est pur pour celui qui est pur.* Paris: Albin Michel, 2005.

uma intimidade maior, mas essa intimidade não o impede de estar com os outros. Ele diz que não ama Míriam mais do que Marta, Joana ou Susana, ele está sempre disponível para todos.

Tal liberdade não poderia deixar de surpreender Judas.

- E o que ele faz do ciúme legítimo? Ele não está tomando certas liberdades com a lei? Mais um que escolhe nas Escrituras aquilo que lhe convém e rejeita todo o resto!

- Não tudo, respondeu Simão. Ele disse:

> Não julgueis que vim destruir a lei ou os profetas; não vim *(para os)* destruir, mas sim *(para os)* cumprir. Porque em verdade vos digo que enquanto não passar o céu e a terra, não desaparecerá da lei um só jota ou um só ápice, sem que tudo seja cumprido. Aquele, pois, que violar um destes mínimos mandamentos, e ensinar assim aos homens, será considerado o mínimo no Reino dos Céus, mas o que os guardar e ensinar, esse será considerado grande no Reino dos Céus (cf. Mt 5,17-19).

Essas palavras tranqüilizaram Judas.

Simão acrescentou:

- No fundo, ele não está abolindo a lei, ele a cumpre, mas de maneira diferente, de maneira mais leve, talvez. Por exemplo, para ele, viver com uma mulher não é uma obrigação, um dever ou uma coação, é uma escolha, uma felicidade, talvez...

- Mas que felicidade podemos esperar vinda de uma mulher? Um prazer! E ainda mais essa! Não somos como os cães. O fardo da lei deve permanecer pesado, como ele pode pretender torná-lo leve?

- Introduzindo neles a consciência e o amor, murmurou suavemente Simão.

- Amor!? Do que você está falando?, perguntou Judas. Para ele, essa palavra não tinha o menor sentido ou sabor.

- O primeiro grande mandamento não é: "Amarás o teu Deus, de todo teu coração, de toda tua alma, de todas tuas forças..."?

– Sim, mas este não é um amor exigente, um dever? Não vejo aonde está a leveza nisso tudo, somos obrigados a amar, senão seremos castigados.

– O Rabi Yeshoua diz que este não é um dever, mas a própria expressão da nossa liberdade, da nossa não sujeição às realidades transitórias deste mundo: "amarás" é um vir-a-ser, é uma palavra de esperança e não de obrigação...

– Ah, estou entendendo, seu messias é um músico, ele conserva as palavras da Torah, mas muda a melodia. Eu não achava que um general pudesse "cantar suas ordens". Esse seu general me fascina e me repugna, Simão! Diga-me onde encontrá-lo para que eu possa escutar sua musiquinha, a princípio ela me parece "desafinada". Rigor demais ou leveza demais não combinam. A lei ou a felicidade – seu messias parece ainda não ter feito sua escolha e eu creio que ele está acrescentando problemas ao nosso problema. E você ainda não me contou quantos soldados romanos ele enterrou no vale da geena. Apesar das suas explosões de raiva, ele me parece meio mole. Será que esse seu belo falador não é um messias como os outros?

– Venha e veja, respondeu Simão.

V

Cura

Judas seguiu Simão que achava que encontraria Yeshoua sobre a colina próxima ao lago, pois era lá que ele gostava de se sentar à sombra das oliveiras para ensinar seus discípulos. Yeshoua preferia a vastidão, os grandes ventos, a companhia da relva e dos pássaros às grossas paredes dos templos, das sinagogas e das câmaras de estudo. Ele ensinava ao ar livre. As pessoas podiam chegar até ele tendo a cabeça ou a sacola vazias, ele falava àquilo que existe de vazio no homem, um vazio no estômago, um oco no coração, um buraco na fronte. Ele não preenchia os lugares ocos, ele os esvaziava ainda mais utilizando palavras quentes e luminosas. Estar vazio e nada ser não eram mais uma infelicidade, era ser um homem, um nada feito para Deus. Se eu sou nada, então tudo está lá... "Deus é tudo porque Ele não possui nada".

É claro que este não era o tipo de pensamento que poderia passar pela cabeça de Judas ou de alguém reunido nesta assembléia. Ninguém estava vazio, todos estavam "plenos", plenos de questões, de raivas, de dores, plenos da noite... Como esse cego de nascença que, de repente, aproximou-se de Yeshoua.

Judas viu o cego e, mais uma vez, a mesma questão lhe veio à mente: por que existem filhos de Deus que fecham os olhos diante de um sol brilhante demais e por que existem aqueles que os mantêm sempre abertos, pois nenhum sol jamais conseguirá atravessar a noite espessa na qual eles estão encerrados? Existem injustiças criadas pelos homens, como o massacre dos inocentes cometido pelos Herodes que dirigem os séculos, mas existem também as injustiças "naturais": nascer enfermo, nascer feio, nascer idiota...

Judas suspirou em uma onda de desespero. Apesar de sentir em si a força para lutar contra as injustiças cometidas pelos homens, quem era ele para lutar contra as injustiças cometidas pela natureza? Será que podemos lutar contra a tempestade, os furacões, a fome, os terremotos que no mesmo turbilhão engolem tanto os bons quanto os maus? Mais uma vez ele pensou no seu irmão Jó – será que, como ele, Judas, o justo teria que lutar contra a injustiça de Deus?

O cego aproximou-se de Yeshoua; um dos discípulos o deteve, o tomou pela mão e, elevando o tom da sua voz, perguntou: "Rabi, quem cometeu a falta, quem pecou para que ele nascesse cego? Ele ou seus pais?" (Jo 9,1-2).

Judas segurou sua respiração, essa era a questão que o assombrava desde sua infância... Essa também era a primeira vez que ele encontrava o Mestre e Senhor, aquele que Simão, o Zelote, pressentia ser o Messias. Ele aguardava sua resposta e, de acordo com ela, julgaria se esse homem mereceria ser seguido ou não e se ele, Judas, o Zelote, poderia tornar-se seu discípulo...

Yeshoua permaneceu em silêncio durante alguns minutos antes de responder, mas o que ele disse em seguida não foi uma resposta: "Nem ele, nem seus pais" (Jo 9,3).

Simão começou a rir.

– Esse é o seu método, ele não responde ou, então, responde indiretamente. Ele prefere aumentar o mistério a resolvê-lo. Ele jamais lhe dará uma explicação ou uma solução, pois, neste caso, você não teria mais necessidade de pensar. Ele nos obriga a pensar e pensar é descobrir que a solução ou a explicação que acreditamos possuir não é adequada. Para ele, Deus não é jamais a resposta a nossas questões, Ele é a questão a nossas respostas...

– "Nem ele, nem seus pais", exclamou Judas.

– Essa é boa, mas, então, qual é a causa, a causa do mal, da enfermidade, do sofrimento? Não existe causa?

- Talvez exista uma causa, mas não um culpado.

- Nenhum culpado!", objetou Judas. Sim! É preciso a todo custo que haja um culpado, senão o que poderia justificar nossas lutas e nossos combates?

- Vê, Judas, agora você está começando a pensar...

- Eu não o esperei esse tempo todo para isso. Há muito tempo venho me colocando essa questão e chego sempre à mesma conclusão: de nada serve buscar a causa, ela está sempre nos escapulindo, uma causa esconde outra causa e ninguém ousa voltar à causa primeira por medo de acusar Deus.

- Você está blasfemando, Judas! Deus, a causa do mal? O criador do cego de nascença? A fonte de todos os sofrimentos e de todas as infelicidades que acometem o mundo? Então é contra Ele que você luta?

- Se eu fosse pedante ou se eu fosse um filósofo, eu diria que um homem só pode atacar as causas secundárias, mas que estamos sempre visando "Ele"!

Simão começou a tremer. Exatamente neste momento Yeshoua decidiu se levantar e, olhando para Judas, repetiu: "Nem ele, nem seus pais. Não percam seu tempo, não procurem uma causa, pois vocês não a acharão e, sobretudo, não procurem um culpado. É preferível tratar da vítima, cuidar dela, curá-la" e ele acrescentou: "Essa doença, essa enfermidade, ela existe para que seja manifestada a glória de Deus" (Jo 9,3).

Judas deu um passo para trás. Essa palavra de Yeshoua o atingiu em um lugar cuja existência ele ignorava. Então o mal tinha um sentido? Não acharíamos a causa olhando para trás, era olhando para frente que encontraríamos sua razão de ser... A dolorosa "troca de pele" da lagarta só poderia ser explicada pela realidade da borboleta que viria...

Mas Yeshoua não se contentava em substituir a causa primeira pela causa final. Ele falava sobre "manifestar a glória", a *Kavod* em hebraico, o peso da Presença, a Presença de YHWH, "o Ser que é o que é..."

Será que o mal, a doença e a infelicidade seriam algo mais do que apenas uma fatalidade, seriam uma ocasião para manifestar a consciência, a grandeza, a dignidade...? O homem se revelaria, então, maior do que sua miséria, sua finitude, sua feiúra...? Maior que sua "natureza"?

- Será que sou feio para mostrar a todos que não sou feio, pois tenho consciência da minha feiúra?

- Você está delirando, Judas, você leva tudo para o nível pessoal.

- Será que sou mortal para mostrar a todos que não sou mortal, pois sou consciente de ser mortal e essa consciência não pode morrer?

- E o que lhe diz que essa consciência não é mortal? Quando "Aquitofel, tendo disposto todos os negócios da sua casa, enforcou-se e morreu" (2Sm 17-23), você acha que através do seu suicídio ele manifestou o poder da sua consciência que você chama de "a glória de Deus"?

- Sim, a presença da consciência e do sopro, a argila, o *Adamah* que nós somos...

Judas estremeceu mais uma vez. O suicídio de Aquitofel na Bíblia sempre o perturbara... Sem dúvida Simão tinha razão: Yeshoua não responde às perguntas, ele faz as pessoas pensarem, a pensarem coisas loucas ou ridículas.

- Nem ele, nem seus pais são culpados, murmurou Simão. Essa enfermidade existe para que seja manifestada a glória de Deus. Devemos parar de nos queixar, de acusar os outros, o mundo e os seus pais ou parar de acusar a si mesmo para que possamos fazer do mal que nos acomete uma oportunidade para despertarmos a consciência - talvez até mesmo uma oportunidade para despertarmos o amor? Mas entenda que há orelhas para ouvir e um coração para compreender.

Para Judas era evidente que ele não queria ou não podia ouvir a palavra amor... Não era justamente aí que se ocultava seu sofrimento mais profundo, sua impossibilidade para criar o amor, lá onde ele sempre faltara?

Mergulhados nas suas próprias reflexões, os dois amigos não viram Yeshoua se inclinar e misturar sua saliva à poeira do chão. Depois, tomando essa mistura nas mãos, ele ungiu os olhos do cego com ela e lhe disse: "Vá se lavar, lave seus olhos nas águas límpidas da piscina de Schiloah" (Jo 9,7).

Judas prontificou-se a acompanhá-lo... Eles caminharam de mãos dadas, sem dizer uma palavra durante todo o trajeto...

Assim que lavou seus olhos, o cego passou a ver. Judas ficou cego durante alguns instantes: um excesso de luz ou de emoção encheu seus olhos...

Ele chorava de alegria, uma alegria desconhecida... Então é a alegria que terá a última palavra, que será a mais forte? O absurdo e a morte não prevalecerão? Judas ficou alguns instantes sentindo a felicidade dos seus olhos apagados. Ele viu que o mundo era belo, que cada coisa estava no seu lugar e que também ele não tinha vivido em vão... Ele esqueceu toda amargura, todo sofrimento. Ele esqueceu até mesmo os romanos, Herodes e todas as injustiças cometidas desde o início do mundo cuja lista ele não parava de enumerar.

Quando os curiosos perguntaram ao cego: "Como foi possível que seus olhos se abrissem?" Judas respondeu junto com ele: "Aquele que se chama Yeshoua fez uma mistura de poeira e saliva e com ela untou meus olhos e depois disse: 'Vá se lavar. Eu fui, eu me lavei, meus olhos vêem'".

"Meus olhos viram você, Yeshoua, meu coração o reconheceu. Se você é o mais belo dentre os filhos dos homens e se eu sou o mais feio dentre os filhos dos homens, juntos nós dois seremos toda a humanidade, a revelação de um Deus maior.

> Aceite-me como seu discípulo,
> Ou melhor, aceite-me como sua metade,
> Eu sou sua sombra, você é minha luz,
> Eu sou o bode, você é o Cordeiro,
> Eu sou a violência, você é a candura.
> Você é o Amor que me falta, que ignoro ou recuso,
> Conheço você desde sempre

E eu sou a carne na qual você se encarna,
Eu sou a verdadeira humanidade que lhe falta, Yeshoua!
Em tudo você é um homem, à exceção do pecado:
Mas o pecado é o que faz de um homem, um homem,
é a sua finitude, sua errância e seu desejo,
é essa flecha que não tem boa mira,
que erra o alvo enquanto não tiver lhe encontrado.
Será que precisaríamos ser salvos
se não houvesse essa falha, essa fraqueza?
Você fala que não veio para os sãos,
mas para os enfermos,
que não veio para os justos,
mas para os pecadores.
Você veio para mim,
Sem mim você não existiria
Ou, então, você existe por nada,
O que seríamos um sem o outro?

Judas compreendeu que não sabia mais o que estava dizendo e ele parou de pronto.

Yeshoua o observava sem dizer palavra, nos seus olhos havia uma vertigem como se ele descobrisse em Judas um abismo sem fundo. Nos olhos de Judas também havia uma vertigem como se ele descobrisse em Yeshoua um abismo igualmente sem fundo.

Aqueles que viram esse encontro entre o dia e a noite certamente terão algumas palavras a dizer, palavras que ecoarão além da aurora, do espaço que as contém; no entanto, esse encontro não teve testemunhas.

Simão viu em Judas e Yeshoua apenas dois amigos surpresos por se reencontrarem após uma longa ausência...

VI

Um dos doze

Daquele dia em diante, Judas passou a caminhar ao lado de Yeshoua. Os dois ficavam em silêncio na maior parte do tempo, era como se o seu diálogo se situasse no nível dos abismos onde eles tinham se encontrado e reconhecido. Um dia Simão fez notar a Felipe a estranha semelhança entre esses dois homens que, aparentemente, eram em tudo diferentes. Tanto um quanto o outro parecia estar à escuta de uma voz ou de uma presença interior, como se o seu comportamento não fosse ditado pelos encontros ou acontecimentos externos. A fonte de seus atos parecia ter uma origem profunda demais para ser humana. Yeshoua dizia fazer a vontade de seu Pai, já Judas não falava do seu pai - talvez ele tivesse um outro pai ou será que era o mesmo de Yeshoua? No entanto, era como se um anjo ou um demônio lhe sugerisse aquilo que ele deveria fazer ou falar. Judas, assim como Yeshoua, obedecia visivelmente a um destino, a um inconsciente, a uma causalidade...? Que nome dar a isso? Uma fonte de ação ou de inspiração tão forte que deixa pouco espaço à livre escolha daquele que é por ela possuído; a liberdade fica, então, reduzida a uma liberdade de aquiescência... mas não é esta a única liberdade: abraçar nosso destino, dizer sim à nossa verdadeira natureza, dizer sim ao fluxo e ao refluxo que nos arrebatam? Dizer "não" a isso nada mudaria ou nada poderia fazer contra a onda que despedaça o casco irrisório do navio que não está equipado para lutar contra ela.

Talvez os outros discípulos se sentissem livres para agir da sua própria maneira, mas não Judas que, como Yeshoua, parecia ter feito voto de obediência a uma voz que encobria todas as outras vozes... Para Simão, era óbvio que Judas obedecia à voz da justiça e do Deus Justo que está por trás de toda justiça. Quanto a Yeshoua, esse era um mistério tanto para uns quanto para outros – mesmo obedecendo à voz da justiça e da Lei e submetendo-se a todas suas exigências, havia algo mais: compaixão, misericórdia, perdão? Eles ainda não tinham palavras para isso...

Os discípulos estavam surpresos pela rapidez com que Judas parecia ter conquistado o coração de Yeshoua. "Sem dúvida por ele ser instruído, por ele conhecer bem a Torah e encarná-la com todo seu zelo. Sem dúvida por ele ser judaico e de alta estirpe. Nós somos apenas pobres galileus, pescadores; o lago é nossa sinagoga, nós compreendemos a beleza mencionada pelas Escrituras quando nosso barco fica repleto de peixes frescos.

Ainda não havia ciúmes entre eles, todos compartilhavam o mesmo sentimento de gratidão por poderem escutar o ensinamento.

Yeshoua parecia ter reconhecido dentre a multidão aqueles que realmente o escutavam, os ouvidos mais atentos e aqueles que estariam prontos a segui-lo, e até o fim... não apenas para aplaudir seus discursos, mas para colocá-los em prática.

Era chegada a hora de escolher alguns para iniciá-los no "segredo do Reino", fazê-los compartilhar seu Espírito e essa intimidade com Aquele que ele chamava seu Pai. Como era de hábito antes de tomar uma decisão importante, Yeshoua retirou-se durante toda a noite para orar; perto do lago havia uma pequena gruta onde ele adorava ir sozinho...

Ninguém podia imaginar qual poderia ser a oração de Yeshoua e qual era essa intimidade com Aquele que ele chamava de *abba*, que quer dizer "papai", um nome que ninguém ousaria utilizar para se dirigir ao Criador de tudo aquilo que vive e respira, o Criador dos mundos, YHWH, "Aquele que É o Ser que É"...

Abba – alguns o escutaram murmurando essas palavras, será que ele sentia falta do seu pai José? Ou será que esse era um daqueles momentos que lhe eram familiares, onde o céu parecia ter descido sobre a terra, as fronteiras entre a eternidade e o tempo, os abismos que separam o divino do humano tinham para ele desaparecido? Ou era o mental, que incessantemente separa, divide e opõe, que tinha desaparecido?

Assim que voltou a Cafarnaum, Yeshoua reuniu seus discípulos homens e mulheres e sua família, sua mãe, seus irmãos e irmãs que tinham vindo de Nazaré. Entre os homens ele escolheu doze. Doze era um número que agradava Yeshoua: doze tribos de Israel, doze signos do zodíaco, doze meses do ano... Ele não lhes deu nenhuma explicação. Todos sabiam que o quatro simbolizava o mundo espacial: a terra; o três simbolizava o tempo sagrado: o céu. A combinação entre esses dois números estava na origem do doze. Com isso, Yeshoua indicava sua intenção: Realizar a criação através da sua assunção e comunhão com o mundo incriado, estabelecer uma "nova terra e novos céus", aquilo que ele chamava de seu Reino. Um mundo completamente outro poderia nascer através do Reino do Espírito presente no coração humano...

Um após outro, ele os chamou pelo seu nome: Simão, que se tornaria Pedro, André, seu irmão, Tiago e Yohanan (João), ambos filhos de Zebedeu, Felipe, Bartolomeu, Tomé, Mateus, Tiago filho de Alfeu, Tadeu, Simão, o Zelote, e Judas Iscariotes. Ele deu a eles o poder sobre os espíritos impuros, para que eles pudessem expulsar e curar toda doença e toda fraqueza.

Os discípulos rejubilaram-se com esse poder para expulsar os demônios! Cada um tinha sua idéia e sua experiência sobre aquilo que poderia ser um demônio; para a maioria, o demônio era o "outro", "o inimigo", "aquele que nos incomoda e que não corresponde à imagem que temos do bem". Para Simão, o Zelote, esse era evidentemente o invasor romano; para o outro Simão (Pedro), sem dúvida era sua mulher ou sua sogra; para Tomé, o demônio era a ignorância e a dúvida; para Yohanan, tudo aquilo que poderia opor-se à vida e à Palavra de seu Mestre e Senhor... Cada um tinha sua própria idéia sobre aquilo que deveria ser exorcizado, sair de si ou do mundo exterior para que tudo retornasse à sua verdadeira natureza, reino de beleza e de paz...

Entre os discípulos, Yeshoua também escolheu algumas mulheres. Guardamos os nomes de algumas dentre elas: Susana, Salomé, Joana, Míriam de Magdala... A maioria, como a mulher do intendente de Herodes, eram mulheres ricas que assistiam os discípulos não apenas com seus bens, mas também com sua paciência e seu carinho.

Aqueles que tinham sido escolhidos não se sentiram tão orgulhosos como poderíamos imaginar. Eles sabiam que essa escolha implicava muita responsabilidade, um comprometimento que talvez ultrapassasse suas forças e eles estremeciam ao imaginar a missão que o Mestre e Senhor lhes confiara:

> Não vades (*agora*) para entre os gentios, nem entreis nas cidades dos samaritanos. Mas ide antes às ovelhas perdidas da casa de Israel. E, pondo-vos a caminho, pregai, dizendo: Está próximo o Reino dos Céus. Curai os enfermos, ressuscitai os mortos, limpai os leprosos, expeli os demônios. Dai de graça o que de graça recebestes. Não queirais possuir nem ouro, nem prata, nem tragais dinheiro nas vossas cinturas, nem alforje para o caminho, nem duas túnicas, nem calçado, nem bordão; porque o operário é digno do seu alimento.
>
> E em qualquer cidade ou aldeia, em que entrardes, informai-vos de quem há nela digno (*de vos receber*) e ficai aí, até que vos retireis. E ao entrardes na casa, saudai-a dizendo: A paz seja nessa casa. E, se aquela casa for digna, virá sobre ela vossa paz; mas, se não for digna, a vossa paz tornará para vós. E, se alguém não vos receber nem ouvir as vossas palavras, ao sair para fora daquela casa ou cidade, sacudi o pó dos vossos pés. Em verdade vos digo: será menos punida no dia do juízo a terra de Sodoma e de Gomorra do que aquela cidade.
>
> Eis que eu vos mando como ovelhas no meio dos lobos. Sede, pois, prudentes como as serpentes, e simples como as pombas. Acautelai-vos, porém, dos homens, porque vos fa-

rão comparecer nos seus tribunais, e vos açoitarão nas suas sinagogas; e sereis levados por minha causa à presença dos governadores e dos reis, como testemunho diante deles e diante dos gentios. E, quando vos entregarem, não cuideis como ou o que haveis de falar, porque naquela hora vos será inspirado o que haveis de dizer. Porque não sois vós que falais, mas o Espírito de vosso Pai é o que fala em vós. O irmão entregará à morte o (*seu*) irmão e o pai (*entregará*) o filho; e os filhos se levantarão contra os pais, e lhes darão a morte; e vós, por causa do meu nome, sereis odiados por todos; aquele, porém, que perseverar até o fim, esse será salvo. Quando, porém, vos perseguirem numa cidade, fugi para outra. Em verdade vos digo que não acabareis de correr as cidades de Israel, sem que venha o Filho do Homem.

Não é o discípulo mais que o (*seu*) mestre, nem o servo mais que o (*seu*) senhor. Basta ao discípulo ser como o mestre, e ao servo como o senhor. Se eles chamaram Belzebu ao pai de família, quanto mais aos seus domésticos? Não os temais, pois; porque nada há encoberto que não se venha a descobrir, nem oculto que não se venha a saber. O que eu vos digo nas trevas, dizei-o às claras; e o que vos é dito ao ouvido, pregai-o sobre os telhados.

E não temais os que matam o corpo, e não podem matar a alma; mas temei antes aquele que pode lançar no inferno a alma e o corpo. Porventura não se vendem dois passarinhos por um asse? E nem um só deles cairá sobre a terra sem (*a permissão de*) vosso Pai. Até os próprios cabelos da vossa cabeça estão todos contados. Não temais, pois; vós valeis mais que muitos pássaros.

Todo aquele, portanto, que me confessar diante dos homens, também eu o confessarei diante de meu Pai, que está nos céus. E o que me negar diante dos homens, também eu o negarei diante de meu Pai, que está nos céus.

Não julgueis que vim trazer a paz a terra; não vim trazer a paz, mas a espada. Porque vim separar o filho do seu pai e a filha da sua mãe, e a nora da sua sogra (Mt 10,5-33).

Os doze estavam atordoados diante de tal missão, mas eles sentiam o Sopro (o *Pneuma*) de Yeshoua inspirá-los. Não era possível realizar tal missão com sua própria força, mas com a força dele e de seu Pai neles. Eles oraram em segredo para que a fé e a confiança nele e na sua presença, no mais íntimo do seu ser, nunca viesse a lhes faltar.

Neste dia Míriam preparara uma bela refeição e todos se alegraram por estarem incluídos entre "os eleitos" daquele que alguns já consideravam não apenas como seu mestre, mas como o Messias anunciado pelos profetas. No entanto, no fim da refeição, dirigindo-se particularmente aos homens, Ele lhes fez uma estranha confissão: "Não fostes vós que me escolhestes, eu os escolhi e entre vós eu escolhi um demônio".

O que ele queria dizer com isso? Será que ele escolhera o bom grão de trigo sem separá-lo do joio? Como era possível que Yeshoua tivesse escolhido entre seus discípulos mais próximos, um demônio? Qual poderia ser sua missão? Eles se perguntavam: "Talvez apenas um demônio possa expulsar os demônios"? Aliás, não era exatamente isso que comentavam a respeito do próprio Yeshoua: "Ele está possuído por Belzebu... é através do príncipe dos demônios que ele expulsa os demônios..." (Mc 3,12).

VII

Um demônio

Eles ainda estavam surpresos com as palavras de Yeshoua. Ele não acabara de responder àqueles que o acusaram de ser um demônio:

> E os escribas, que tinham vindo de Jerusalém, diziam: Ele está possuído de Belzebu, e em virtude do príncipe dos demônios é que expele os demônios. E, tendo-os chamado, dizia-lhes em parábolas: Como pode Satanás expelir Satanás? Pois se um reino está dividido contra si mesmo, um tal reino não pode subsistir. E, se uma casa está dividida contra si mesma, tal casa não pode subsistir... (Mc 3,22-26).

"E se eu lanço fora os demônios por virtude de Belzebu, por virtude de quem os expelem vossos filhos? Por isso é que eles serão vossos juízes. Se eu, porém, lanço fora os demônios por virtude do Espírito de Deus, é chegado a vós o Reino de Deus..." (Mt 12, 25-28).

Mas essas palavras não os tranqüilizaram, pelo contrário, elas aumentaram ainda mais suas questões.

Se o sinal da presença do Espírito entre nós é a expulsão dos demônios, por que um demônio tinha sido escolhido entre os apóstolos? Um de nós é um demônio - será eu? será você? Essas palavras não vão acabar por semear a suspeita e, mais tarde, a divisão entre nós?

Todos estavam perturbados. Yohanan ponderou:

- O jardineiro não colocaria em uma mesma cesta os frutos saudáveis e a maçã podre, pois ele estaria correndo o risco de ver todos seus frutos contaminados. Não, eu não posso acreditar que um satã esteja entre nós.

Judas o olhou sorrindo:

- Quem é o criador de satã? Satã também não tem uma função?, uma missão para o bem de todos? Releia as Escrituras, Yohanan. Você está lembrado que o livro de Jó nos diz que satã é um filho de Deus, sua função é a de testar os justos, de sondar o que eles carregam no ventre, no coração, na mente... Sua função é a de "provar" a verdade, o peso de cada um. Em hebraico o seu nome quer dizer "obstáculo". Não poderíamos nos conhecer e crescer se não existissem obstáculos e provações. Tudo aquilo que não nos mata nos fortalece... Satã é o próprio Deus, acrescentou Judas.

- Cale-se, você está blasfemando!, gritaram juntos Simão Pedro e Yohanan.

- Decididamente vocês não conhecem as Escrituras, respondeu Judas. Releiam o livro dos Números, capítulo 22, versículo 22. Está escrito:

> Um anjo de Deus saiu a caminho
> *Vayityatzev Malak Hachem borderer*
> Para lhe fazer obstáculo
> *Le-satanne lo.*

Será que não deveríamos traduzir: "Um anjo de Deus saiu a caminho para ser satã?

- Satã, um anjo de Deus! Judas, você nos dá medo!

Ele acrescentou:

- Leiam ainda o versículo 32:

> Eis que sou eu quem saí para impedi-lo
> *Nine Anohi yatzati le Satanne*

Eis que sou eu - *anohi* - Eu Sou (o eterno teu Deus)
Que saí para ser satã...

Os discípulos ficaram em silêncio. Judas continuou:

- No primeiro versículo satã é um anjo, no segundo Deus é satã, Deus diz que Ele próprio é satã.

Judas começou a rir.

- Vejam, não é preciso ter medo. Deus e diabo são nomes que damos a uma única realidade que nos faz rir, nos faz chorar, nos faz desabrochar e nos faz fenecer. Se o seu Deus for apenas luz, ele será um falso deus, pois o que faríamos da realidade da sombra? Se o seu Deus for apenas o Bem, por que razão existiria o mal? Não façam um deus à imagem das suas melhores qualidades, não se esqueçam de todos os horrores dos quais somos capazes - Deus também não está presente aí?

Abaixando a voz para que ninguém pudesse ouvi-lo, ele acrescentou:

- Um messias feito apenas de luz e bondade só poderia ser uma ilusão, pois ele estaria encarnando um Deus incompleto... um Deus que não é tudo. Eu, Judas, o ajudarei a se realizar e completar. Se não houver nele nenhum pecado, estará lhe faltando exatamente aquilo que faz de um homem um humano. Serei todo mal que lhe falta para ser Deus, para ser tudo... Sim, meu luminoso Yeshoua, minha bela metade, você não será Deus sem o seu sombrio Judas...

Tendo escutado com atenção tudo aquilo que Judas acabara de dizer e vendo que os discípulos ainda estavam perturbados, Míriam de Magdala aproximou-se deles e disse:

- O deus mencionado por Judas não é o Deus que nos escolheu através de Yeshoua. É o divino, a grande Natureza, com suas sombras e sua luz, seu belo dia e sua estranha noite, seus cataclismos, suas papoulas, o riso das crianças e as lágrimas daqueles que assassinamos... Se Deus fosse apenas isso, Judas teria razão: o Bem e o Mal não são opostos, eles são complementares, mas eu não acredito que Yeshoua tenha querido nos dizer isso quando ele disse que entre nós existe um demônio. Se há realmente um demônio é porque ele nos escolheu, é por causa desta escolha. O divino nada escolhe: ele faz existir tudo aquilo que existe, a natureza não escolhe, ela faz florescer, ela nos embriaga com o perfume da sua rosa e nos fere com seus espinhos, ela produz os mais doces sabores e os mais fatais venenos.

Através da sua escolha Yeshoua nos dá um testemunho de que Deus é um Ser que escolhe e é isto que temos dificuldade para compreender e aceitar. Preferimos o divino que não escolhe, o divino impessoal cujas qualidades podemos nos apropriar como se elas fossem o melhor de nós mesmos.

No entanto, Deus é mais do que o divino, nele existe a liberdade. Ele é "Alguém" e Yeshoua é "alguém" que nos escolheu. Podemos recusar essa escolha, podemos recusar ser eleitos, ser amados dentre todos os homens, dentre todas as mulheres. Isso é um demônio: a possibilidade de recusar o dom que nos é oferecido, dizer não ao amor, não mais acreditar nele, negá-lo...

Simão Pedro começou a tremer.

– Cale-se, mulher! Quem você pensa que é para nos ensinar – não é o demônio do orgulho que a habita?

– Você tem razão, Simão; mas não tenha medo deste demônio, ele é apenas "eu" e esse demônio pode ser convertido, perdoado, acreditar no amor maior do que sua vaidade, seu medo ou sua violência... Mas o demônio que existe entre nós não é apenas "um de nós", mesmo que seja preciso que "um de nós" o manifeste... Se ele não nos tivesse escolhido, não haveria um demônio, ou seja, a possibilidade de recusa, de repudiar sua escolha... somos todos demônios porque somos todos livres... Vimos seu amor e podemos nos recusar a acreditar nele, e é por isso que os homens preferem o divino a Deus. O divino não nos olha diretamente no rosto, ele não possui um semblante que nos interroga com seus grandes olhos abertos... é a fatalidade que recai sobre nós e não há nenhuma mão para nos erguer...

VIII

Um asno

As palavras de Míriam irritaram Judas: seu amor por Yeshoua era uma "fatalidade" - por que ela falava de liberdade? Ele não estava lá por nada, ele não poderia resistir... e, sobretudo, ele jamais o trairia. Nisso, ele se parecia com Simão Pedro: "Todos o trairão - eu, jamais". Os covardes são livres para trair, mas entre nós, os justos, não apenas entre os zelotes, "é preferível morrer a trair". Ele tinha tanta certeza sobre si mesmo... Ao evocar "essa possibilidade de recusa, de negação", não seria Míriam o demônio anunciado por Yeshoua, não estaria ela semeando entre eles a dúvida, a suspeita?

A certeza de não poder trair e uma desconfiança inata com relação às mulheres, "escória de satã", eram dois traços de caráter que aproximavam Simão Pedro e Judas; quanto ao resto, tudo os diferenciava... O que chamava atenção no grupo escolhido por Yeshoua era a disparidade entre seus membros. Os outros se perguntavam como pessoas assim tão diferentes podiam viver juntas? Sem dúvida era a presença do Mestre e Senhor entre eles que mantinha sua unidade sem que cada um sequer pensasse em perder sua singularidade...

Judas e Yohanan eram os únicos que não viviam com uma mulher. Yohanan sem dúvida devido à sua tenra idade, mas também devido à presença de Yeshoua que parecia ser suficiente para preencher seu universo afetivo. Judas se separara de uma mulher que ele tinha desposado para cumprir a lei e para poder tornar-se rabino e ensinar nas sinagogas, já que a lei proibia aos homens não-casados de entrar no Templo e de lá ensinar[5].

Judas não suportara viver com essa mulher que, aliás, nada lhe pedira e que um dia confessara não apenas detestá-lo, mas também à lei que obriga dois seres que não se amam a viver juntos. Essa blasfêmia fora para Judas o bom pretexto para fazê-la voltar de onde ela tinha vindo: a rua. Os costumes eram duros nessa época, a lei de Moisés não impedia os exageros.

Nesse sentido Yeshoua cumpria as Escrituras e isso era motivo de respeito para Judas, mas para ele era difícil e até mesmo impossível imaginar a vida íntima de seu Mestre e Senhor. Os discípulos também não se aventuravam a utilizar sua imaginação nesse âmbito. Um ser divino ou um messias não deveria ter esse tipo de problema ou de prazer... mas, então, esse messias não seria um homem ou, se ele era um homem, ele seria um homem sem Deus, pois a sexualidade é o divino inscrito no nosso corpo, a possibilidade de participar da ação criadora e engendrar o novo, de engendrar viventes...? Judas só poderia rir diante desse tipo de reflexão. A sexualidade, aquilo que há de mais divino no homem? Mas, então, também entre os animais? Conseqüentemente, os animais que se reproduzem mais rápido seriam os mais divinos? "A sexualidade é o Amor em uma ninhada de asnos e jumentos", dizia ele.

Em matéria de sexualidade e de animais, Judas parecia conhecer bem o assunto. Yohanan o apelidara de "asno" após tê-lo ouvido, junto com Pedro, a "zurrar" ao longe na companhia de uma moça ou de uma cabra – ninguém ousava fazer essa pergunta e, sobretudo, ninguém ousava imaginar o desespero de Judas neste aspecto: nos tornamos zoófilos por eleição ou por escolha? "Mesmo quando eu me disponho a pagar uma mulher, elas me recusam ou, então, elas viram de imediato sua corcunda bem diante do meu nariz – será que elas não sabem que eu também gostaria de olhá-las nos olhos? As costas dos homens, das mulheres e dos animais são

---

5. Cf. Jean-Yves Leloup. *Tout est pur pour celui qui est pur*. Paris: Albin Michel, 2005.

parecidas; que ninguém me queira mal por hoje em dia eu não mais diferenciá-los, para mim a sexualidade nunca teve um rosto..."

Uma única mulher dissera um dia "olhe para mim" e, naquele momento, ele não pôde fazê-lo e lá ficara diante dela, apalermado e impotente. O amor que se expressa e se faz com os olhos não estava destinado a ele, não estava destinado aos asnos. Esse tipo de amor era reservado a Yeshoua e Míriam de Magdala. Para eles um único olhar, mesmo longínquo, era suficiente para que seus corpos fossem invadidos pelo orvalho e transbordassem de ternura... Ele também teria gostado de conhecer isso: um dom que não era uma descarga, uma sexualidade que possuía um coração e que respeitava os rostos, mas desde sua adolescência isso lhe fora negado e, para ele, essa nova injustiça inscrevia tristeza em sua alma e violência em seu corpo. O que mais ele poderia fazer além de saltar como um esfomeado sobre as ovelhas perdidas e zurrar como um jumento?

A única que parecia compreendê-lo e respeitá-lo era Míriam. Ela conhecera alguns homens como ele. A linguagem dos gritos e sussurros não lhe era estranha, ela sabia que a missão da mulher era transformar os homens em deuses através da sua paciência e carinho, senão eles continuariam sendo ou se tornariam meros animais. Judas jamais encontrara uma mulher e para ele, de agora em diante, era tarde demais. Ele não tinha tempo a perder com o amor, ele se contentava com os atos fortes e rápidos, pouco importando com quem ou com o quê. Ele escolhera um outro prazer, o da política e da guerra. Ele queria se consagrar à justiça, à caça ao invasor e não à caça às mulheres; ele queria preparar o caminho para o Messias, mas exigia dele a mesma veemência, a mesma tensão voltada para o objetivo único: o restabelecimento do Reino de Deus em Israel, a queda de Herodes, pois não podemos ter outro rei senão YHWH. Urgia a destruição do procurador romano e das leis do império, pois nossa única lei é a Torah. Além disso, ele desenvolvera entre os zelotes o prazer de estar entre os homens. Seus fortes odores à noite em volta do fogo, o suor, os hálitos que cheiravam a alho, peixe e ao vinho de Caná lhe pareciam mais saborosos do que todos os perfumes das mulheres...

Ele também fora particularmente tocado por uma palavra do Senhor: "Existem eunucos que assim nasceram no seio de suas mães, existem eunucos que assim se tornaram devido à ação dos homens e existem eunucos que assim se fizeram pelo Reino dos Céus" (Mt 19,12). Assim, ele decidiu tornar-se um "eunuco": era preferível aprender a dominar seu próprio corpo a dominar os corpos das mulheres ou das cabras. Essas palavras também seriam úteis para justificar seu asco e seu desprezo pelas mulheres.

Ele ficava surpreso por Yeshoua não se fazer ele próprio "eunuco" como alguns de seus amigos essênios... Sem dúvida por estar preocupado em "cumprir a lei, não omitir nem mesmo um jota", mas através desta palavra ele mostrava que não condenava essa prática "pagã" do celibato consagrado. Judas podia, portanto, observá-lo sem sentir-se culpado...

Ao ver Yeshoua cercado por mulheres, um certo mal-estar, uma dúvida, uma suspeita afloravam nele... Como era possível que um rabi pudesse dispensar desta maneira seu ensinamento a seres que a Torah de Moisés julgava indignos e incapazes de compreensão? Se Yeshoua tinha que ter uma mulher para cumprir a lei, que ele a guardasse em casa, seu lugar não era nas sinagogas ou nas estradas caminhando ao seu lado. Um rabino que possui mulheres discípulas não é mais um rabino, mas esta talvez fosse "uma das funções do Messias: abolir essas exclusões, esses limites criados por um espírito limitado..."? Da mesma maneira como Yeshoua não opunha os ricos aos pobres, ele também não via "machos e fêmeas", mas "pessoas"... Talvez ele chegasse a considerar os publicanos[6], os "colaboradores" e até mesmo os romanos como pessoas!

Aproximando-se de Yeshoua ele lembrou-lhe o que estava escrito:

> Meu filho, atende à minha sabedoria e inclina o teu ouvido à minha prudência, a fim de observares os (*meus*) conselhos, para que os teus lábios conservem a (*minha*) instru-

6. Na Roma Antiga, "publicanos" eram os cobradores de rendimentos públicos (N.T.).

> ção. Não te deixes ir atrás dos artifícios da mulher, porque os lábios da prostituta são como o favo que destila o mel, e as suas palavras são mais suaves do que o azeite; porém o seu fim é amargo como o absinto, e cortante como uma espada de dois gumes. Os seus pés encaminham-se para a morte e os seus passos penetram até aos infernos. Eles não andam pela vereda da vida. Os seus passos são vagabundos e impenetráveis" (Pr 5,1-6).

Yeshoua nada disse... Ele freqüentemente beijava Míriam na boca[7]... Cada vez que Judas os surpreendia nesta atitude de entrega e abandono, seu coração "dava um salto", uma vergonhosa vontade de vomitar lhe torturava as entranhas...

---

7. Cf. *Evangelho de Felipe*. Petrópolis: Vozes, 2006.

IX

O Evangelho segundo Judas

Apesar de Yeshoua gostar de estar cercado por mulheres, suas palavras eram as de um homem forte e por vezes violento, um verdadeiro zelote e isso enchia Judas de admiração. Sendo o único letrado do grupo, ele tomara a seu cargo a tarefa de anotar as palavras do Mestre e Senhor. Ele pensava nos séculos por vir: os homens teriam necessidade de um testemunho que lhes transmitisse as autênticas palavras de Yeshoua. As palavras conservadas pelo discípulo zelote são encontradas na íntegra nos outros evangelhos: os evangelhos de Marcos, Mateus, Lucas, João, Míriam... Elas mostram que, para Judas, o homem de Nazaré era realmente o Justo aguardado pelos profetas, o intérprete intransigente da lei que deseja, com um ardente zelo, a restauração de Israel:

Palavra de Yeshoua:

> Não creiam que vim para abolir a lei ou os profetas: não vim para abolir, mas para cumprir. Eu lhes digo: nem um yod, nem um iota será apagado da lei. Aquele que esquecer o menor dos seus ensinamentos e convidar outros a fazerem o mesmo, não terá mais o Espírito reinando sobre si.

***

> Foi dito a vós: "Não cometerás o adultério". Eu vos digo: "quem quer que tenha olhado uma mulher com cobiça já cometeu o adultério com ela".

***

Se teu olho direito for para ti ocasião de pecado, arrancai-o e jogai-o longe de ti... Se tua mão direita for para ti ocasião de pecado, cortai-a e jogai-a para longe de ti: mais vale para ti que morra um único dos teus membros a que todo teu corpo parta para a geena.

***

Não podeis servir a dois mestres; se vos ligais a um, estais desprezando o outro; não podeis servir a Deus e a Mamona.

***

Quem quer que escute o que digo e não o pratique pode ser comparado a um homem insensato que constrói sua casa sobre as areias.

***

As raposas possuem guaritas e os pássaros do céu possuem ninhos, o Filho do Homem não possui sequer uma pedra onde repousar sua cabeça.

***

Não credes que vim trazer a paz sobre a terra, mas a espada. Vim para opor o filho a seu pai, a filha à sua mãe, a nora à sua sogra. Tereis como inimigos as pessoas de vossa família.

***

Se alguém vier até mim sem odiar seu pai, sua mãe, sua mulher, seus filhos, seus irmãos, suas irmãs e mesmo sua própria vida, este não será meu discípulo. Aquele que não renunciar a todos seus bens não poderá ser meu discípulo.

***

Vós credes que sois justos perante os homens, mas YHWH conhece vossos corações: aquilo que os homens consideram elevado é motivo de repúdio para YHWH.

***

São os violentos (os zelotes) que tomam o Reino de Deus.

***

Vós escutais, mas não compreendeis;
Vós olhais, mas não vedes;
vosso espírito encontra-se pesado,
vossos ouvidos estão obstruídos, vossos olhos estão fechados
por medo que vossos olhos não vejam,
que vossos ouvidos não escutem,
que vosso espírito não compreenda
para poder vos converter.

***

Esse povo me honra com seus lábios
mas seus corações estão longe de mim,
vão é o culto que eles me prestam,
as doutrinas que eles ensinam
não passam de preceitos humanos.

***

Aquele que quiser salvar sua vida a perderá, aquele que perder sua vida por minha causa, a encontrará. Do que servirá ao homem ganhar o mundo inteiro se assim ele arruinar sua vida?

***

Eu vos digo, será difícil para um rico entrar no Reino dos Céus. Sim, eu vos repito, é mais fácil um camelo passar pelo buraco de uma agulha do que um rico entrar no Reino dos Céus.

***

Infelicidade a vós, escribas e fariseus hipócritas que fechais aos homens o Reino dos Céus. Vós mesmos não entrareis e vós não deixais entrar aqueles que desejam fazê-lo.

***

Infelicidade a vós, escribas e fariseus hipócritas, que se assemelham a sepulcros esbranquiçados que por fora têm boa aparência, mas por dentro estão cheios de ossadas e de podridão.

***

Serpentes, escória de víboras! Como podereis escapar da cólera que está para chegar!

***

Velais! Pois não conheceis nem o dia nem a hora: se o dono da casa conhecesse a hora da noite onde o ladrão deveria vir, ele teria velado e não teria permitido que os muros da sua morada fossem escalados.

***

Infortúnio a vós, ricos,
tendes vossas consolações.
Infortúnio a vós que tendes reputação,
pois tereis fome.
Infortúnio a vós que rides agora,
Pois conhecereis o luto e as lágrimas.
Infortúnio a vós quando os homens
falam bem de vós,
pois foi desta maneira que seus pais
trataram os falsos profetas.

***

A luz veio para o mundo e melhor seria que os homens tivessem amado as trevas, pois suas obras eram ruins. Quem quer que faça o mal detesta a luz e não vem até ela por medo de que suas obras indiquem sua culpa.

***

Se Deus fosse vosso Pai, vós me amaríeis, pois de Deus eu saí e de Deus eu venho. Não vim por mim mesmo, mas através daquele que me enviou.

Por que não reconheceis minha língua? É porque não compreendeis minha palavra. Viestes do diabo, vosso pai, e são os desejos de vosso pai que quereis realizar. Ele foi homicida desde o princípio e não vos fundastes sobre a verdade porque não há verdade nele: Quando ele professa a mentira, ele fala de si próprio, pois ele é mentiroso e pai da mentira.

Por dizer a verdade, vós não me credes. Quem dentre vós poderá me fazer pecar? Se digo a verdade, por que não acreditais? Aquele que é de Deus ouve as palavras de Deus: se não a ouvis é porque não sois de Deus.

***

Cuidem para que não abusem de vós. Pois muitos virão em meu nome que dirão: "Eu sou o Messias" e eles abusarão das pessoas. Também escutareis falar de guerras e de rumores de guerras: vedes, não precisais vos alarmar; pois é preciso que isso aconteça, mas isso ainda não é o fim. Nação lutará contra nação... haverá a fome e tremores de terra. Tudo isso será apenas o início das dores do parto... Os falsos profetas serão numerosos e eles abusarão das pessoas. Após a nascente iniqüidade, o amor esfriará entre a maioria. Mas aquele que for bom até o final, este será salvo. Esse evangelho será proclamado em todo mundo habitado. E então virá o fim.

Existem ainda muitas outras palavras anotadas por Judas. Cada um ouve apenas as palavras que ele quer escutar. Judas preferia, evidentemente, as palavras de maldição às palavras de bênção. O amor pela justiça e pelo julgamento de YHWH era para ele "Evangelho", Boa-Nova, ele não tomava nota das palavras de perdão e misericórdia. Ele relatava apenas as palavras de exigência, de intransigência e mesmo de violência que por vezes afloravam nos lábios do Mestre e Senhor. Ele não tomava nota das palavras de mansidão, de doçura, de paciência e de esperança relatadas por outros discípulos.

X

Yeshoua, o Zelote

Apesar de Judas tomar nota das palavras de Yeshoua, o que ele mais admirava nele eram seus atos, pois à diferença dos fariseus que "dizem, mas não fazem", Yeshoua fazia o que dizia, dizia o que pensava e pensava o que era. Nele, o Ser, o Pensamento, a Palavra e o Ato formavam uma coisa só. E quanto mais Judas conhecia Yeshoua, tanto mais ele ficava fascinado. Seu amor apaixonado transformava-se muitas vezes em admiração sem limites, próxima da adoração, mas sempre se lembrando veementemente que apenas YHWH, "o Ser que é o que é", merece ser adorado. O momento de maior exaltação, onde ele quase caiu de joelhos diante de Yeshoua, foi quando este "purificou" o Templo.

Era a época da Páscoa em Jerusalém. Yeshoua e seus discípulos subiram ao Templo e o encontraram ocupado pelos vendilhões de bois, ovelhas, pombas e pelos cambistas de moedas que estavam sentados à vontade discutindo avidamente o melhor preço para seus animais. O barulho de seus discursos cobria a voz do Mestre e Senhor que lhes lembrava que a casa de YHWH era uma casa de oração e não uma casa de comércio. Um dos mercadores respondeu dizendo que o seu comércio era mais do que uma oração, "ele transformava todo esse açougue e essas aves em oferendas e holocaustos que agradavam a Deus".

Judas replicou:

– Que Deus poderia ter prazer em ver todo esse sangue derramado? O sangue dos animais inocentes que só servirá para enriquecer e engordar ainda mais os grandes sacerdotes e suas famílias, toda essa ralé que está a serviço não do Deus Altíssimo, mas do infame César.

Ao ver que nenhuma palavra poderia tocar seus corações, Yeshoua tomou das cordas que serviam para amarrar os bois e com elas fez um chicote. Depois, tomado por essa ira que apenas os justos conhecem, ele fez cair por terra as moedas dos cambistas e virou suas mesas; em seguida ele bateu com seu chicote nos mercadores, nos bois, ovelhas e pombos. Por um instante Judas pensou em recorrer a seu punhal que ele guardava sempre escondido na altura de sua cintura, mas se contentou em apoiar Yeshoua com sua mão firme enquanto os outros discípulos permaneciam imóveis e um pouco assustados diante da força e da violência manifestadas por seus dois amigos... Eles se lembraram então das palavras das santas Escrituras: "o zelo da tua casa devorou-me" (Jo 2,17).

Diante de tal tumulto e tal desordem, os mercadores tiveram que fazer apelo aos sacerdotes. Um deles, dirigindo-se a Yeshoua, perguntou:

- Quem é você para agir dessa maneira?"

Judas interveio:

- Ele é o profeta, o Messias do qual nos falam nossas escrituras, curvem-se diante dele.

No entanto, com um gesto, Yeshoua impôs-lhe silêncio. Depois, dirigindo-se aos sacerdotes e aos mercadores, ele disse: "Desfazei esse templo e eu o reedificarei em três dias" (Jo 2,19).

Os sacerdotes responderam: "Foram necessários oitenta anos para edificar esse santuário e você, em três dias, o reconstruirá...?" Mas Yeshoua estava falando do santuário do seu próprio corpo. O corpo e o coração do ser humano eram o verdadeiro templo e era preciso libertar esse templo de todo cálculo e comércio para oferecer a YHWH, "Aquele que é", um espaço de silêncio e, como nos diz o livro da Sabedoria, um "lugar para seu repouso".

Ele também anunciou que se seu corpo fosse destruído, nem por isso ele estaria morto e que, após o falecimento, ele "se ergueria nas alturas"[8]; apenas a vida mortal pode morrer, não a vida que permanece, a vida de "Eu Sou", a Vida eterna... Mas ninguém compreendeu isso, a dimensão simbólica e iniciática das palavras e dos gestos de Yeshoua escapavam a quase todos.

Judas que era, entretanto, tão próximo, tomou as palavras do Mestre e Senhor ao pé da letra! Ele vai destruir o templo que Herodes e os romanos macularam para construir um novo onde apenas os puros, "aqueles cheio de zelo pela casa de Deus", poderão entrar e celebrar.

Como Yeshoua pertence à raça de Davi, ele poderá subir ao seu trono e, como o Rei-Messias de outrora, ele fará reinar o direito e a justiça em Israel...

E, como lembrança desse dia onde eles combateram lado a lado contra a injustiça, Yeshoua sem dúvida faria de Judas o seu ministro; com ele, ele poderia ter certeza que a lei seria respeitada e que o templo seria realmente o templo do Altíssimo, a casa de orações reservada apenas aos judeus.

Judas não podia imaginar que o que Yeshoua acabara de fazer fosse talvez o oposto daquilo que ele imaginava; ele queria libertar "a esplanada diante do templo de todos os pagãos", dos partidários e dos comerciantes de uma única religião... A Presença de YHWH também estava aberta aos não-judeus. "Minha casa será chamada uma casa de orações... para todos os povos". Através desse gesto Yeshoua lembrava que Israel não era um povo eleito "por si mesmo", para sua própria satisfação, mas um povo eleito para transmitir a todos os povos o dom que ele recebera: uma abertura à transcendência, um culto e uma lei que deveriam ser centelhas de luz na carne espessa e opaca do mundo...

Judas via em Yeshoua apenas um homem forte e seguro de sua missão, capaz de expulsar os Césares e de tomar o seu lugar. Todas as palavras que ele ouvia e todos os atos que ele via pareciam confirmá-lo: ele é o Messias. Zelote piedoso e poderoso que tanto aguardávamos...!

---

8. Sentido da palavra *anastasis*, que é geralmente traduzida por ressurreição.

XI

A mulher adúltera

AOS olhos de Judas, Yeshoua era a própria encarnação da Torah e do espírito zelote, mas o homem forte, puro e perfeito que ele "adorava" parecia ter algumas fraquezas, especialmente com as mulheres e Judas não suportava isso. O encontro com uma mulher surpreendida em flagrante delito de adultério foi ocasião para que aflorasse a primeira desavença entre os dois.

Os escribas e outros conhecedores da lei conduziram a mulher diante de Yeshoua e a colocaram de pé diante dele, às vistas de todos - que cada um se deleitasse com suas ridículas tentativas de se cobrir que em nada ocultavam a obscenidade de suas formas!

- Rabi, essa mulher foi surpreendida em flagrante delito de adultério. Na Torah, Moshé nos diz que devemos apedrejar esse tipo de mulher. E você, o que diz?

Foi Judas quem respondeu:

- Se está escrito, o que vocês estão esperando para pôr em prática esse preceito? Apedrejem-na como vocês já fizeram com o homem adúltero!

Mas Yeshoua nada disse. Abaixando-se, ele começou a desenhar na areia com seu dedo.

Yeshoua não podia ignorar o Levítico e o Deuteronômio que regulamentam com precisão o comportamento "justo" dos humanos, especialmente com relação aos hábitos do comer e do dormir. Israel é um povo "santo", o que quer dizer "Outro", "diferente".

Sua diferença deve ser manifestada na vida quotidiana, o que o torna "inassimilável" às outras nações. O povo de Israel não pode comer qualquer coisa de qualquer jeito e também não pode dormir com qualquer um a qualquer hora. "Vós não procedereis conforme os costumes do país do Egito em que habitastes, nem vos portareis segundo o costume da terra de Canaã" (Lv 18,3).

Se fizerem isso, vocês estarão injuriando e tratando com desprezo a santidade de Israel, vocês estarão matando o Espírito de seus pais e serão, portanto, passíveis de morte. O adultério é uma falta grave.

Dormir com um animal, com um homem quando se é um homem, com seu pai ou sua mãe, com a mulher de um outro ou o marido de uma outra, todas essas "vergonhas" são sancionadas com a pena de morte:

> Se algum (*homem*) se tornar réu de fornicação com a mulher de outro, e cometer adultério com a mulher do seu próximo, sejam punidos de morte, assim o adúltero como a adúltera. O que peca com sua madrasta e descobre (*assim*) a nudez de seu pai, sejam ambos punidos de morte; o seu sangue caia sobre eles.
>
> Se algum pecar com sua nora, morram ambos, porque cometeram um crime; o seu sangue caia sobre eles. Aquele que pecar com um homem, como se ele fosse uma mulher, ambos cometeram uma coisa execranda, sejam punidos de morte; o seu sangue caia sobre eles. Aquele que toma por mulheres a filha e a mãe, cometeu um crime; será queimado vivo com elas, e não será tolerada entre vós tão grande iniqüidade.
>
> Aquele que peca com um animal grande ou pequeno, seja punido de morte; matai também o animal. A mulher que pecar com qualquer animal será morta juntamente com ele; o seu sangue caia sobre eles (Lv 20,10-17).

Diante da situação desta mulher, a sentença é bem clara, o próprio Deus a pronunciou através da boca de Moisés:

> Se um homem dormir com a mulher de outro, morrerão ambos, isto é, o adúltero, e a adúltera; e tirarás o mal (do meio) de Israel.

Judas também conhecia os textos, mas ele parecia não se lembrar das suas próprias transgressões. A atitude de Yeshoua lhe parecia estranha, inesperada. Por que ele abaixara os olhos? Ele não está, como os outros, apedrejando a mulher com olhos duros feito pedra onde se confundem o ódio e a cobiça. Yeshoua simplesmente abaixa os olhos - será que ele tem medo de olhar o mal de frente? O que ele está escrevendo na areia?

Sem dúvida, ele acha que YHWH não olha para as máscaras dos homens. Ele se interessa pelo seu rosto, pelo semblante que existe por trás da máscara. Ele contempla o verdadeiro rosto do homem "feito à sua imagem e semelhança" que existe por trás da máscara de prazer ou dor.

Talvez Yeshoua seja como YHWH - ele não olha o mal, isso não quer dizer que ele o ignore, mas lá onde outros vêem uma adúltera, ele vê uma mulher; lá onde outros vêem uma caricatura, ele vê um rosto. E nessa assembléia que brada em alta voz, eles são dois a se calar, dois a estarem sozinhos. Sem dúvida, dois que estão sofrendo, pois aprendemos a julgar o outro para não termos que sofrer sua dor.

Yeshoua sabia que essa mulher era infeliz e também corajosa, pois, apesar dos riscos envolvidos no adultério, ela não renunciou ao seu desejo e à busca do amor.

Será que ao menos ela conheceu o amor ao lado de seu amante? Será que ela conseguiu saborear essa Vida ou será que tudo não passou de um instante para esquecer a morte que a cercava? Ou será que ela se "enganou" mais uma vez? Yeshoua sabe que essa mulher é infeliz e essa mulher é toda a humanidade que busca a felicidade e o amor e não os encontra mais em si. "Ele veio ao mundo não para julgar ou condenar, mas para que o mundo seja salvo". O adultério é quando enganamos a nós mesmos, quando buscamos a felicidade longe de Deus, lá onde não é possível encontrá-la. Buscamos o amor onde ele pode apenas nos decepcionar, pois este amor, esta felicidade não são o próprio Ser, o Infinito. O obscuro objeto de nosso desejo é este infinito e nenhum ser finito pode preenchê-lo ou apaziguá-lo. Talvez a humanidade inteira seja adúltera – infelizes de nós quando não mais procuramos Deus em Deus e quando tomamos a criação e as criaturas pelo Criador.

O adultério é enganar-se de realidade, tomar o real pelo irreal.

Yeshoua estava lá, parado entre eles, para lembrar-lhes o verdadeiro bem, a verdadeira felicidade que pode nos salvar do adultério, nos salvar da ilusão. Judas não estava pensando nesse tipo de salvação.

Estar a salvo da ilusão não é o que vai nos libertar do invasor romano. Nesta manhã Yeshoua mais parecia um filósofo – estaria ele se esquecendo de qual Deus ele é o profeta? Ninguém está lhe pedindo para ser o Messias de uma sabedoria silenciosa, frouxa ou complacente, mas para ser o Messias do Deus Justo e Vingador que purifica seu povo e sua terra de todos os tipos de iniqüidade.

Ele não imagina que Yeshoua possa estar cansado de todas essas regras e disciplinas referentes ao comer, ao beber e ao dormir. O essencial não se encontra em outro lugar? Tudo é puro para aquele que é puro, tudo é impuro para aquele que carrega todo tipo de vícios em seu coração. Quantos enlaces e encontros íntimos entre uma mulher e um marido "legítimos" não são maculados pela falta de amor? Quantos dormem na mesma cama, mas não nos mesmos sonhos? Aquele ou aquela que seguramos em nossos braços nem sempre é aquele ou aquela que habitam nossa mente ou nosso desejo. E, ademais, o que ele sabe sobre o casamento? O que ele sabe a respeito do seu tédio e, por vezes, sua violência... As razões pelas quais nos casamos nem sempre são as razões pelas quais permanecemos casados.

Ele, que conhece os corações dos homens, quantos casamentos felizes ele conheceu? Quantas paixões duradouras...?

Talvez ele estivesse procurando contá-las desenhando-as sobre a areia? Talvez ele estivesse pensando no sofrimento dessa mulher que se deixara seduzir. No deserto da sua vida conjugal, ela acreditara numa miragem de ternura, procurando naquele que passava algumas horas de oásis...

Se Yeshoua podia compreender a mulher, ele podia também compreender Judas e os outros. O casamento é sagrado; Deus está realmente presente na união entre o homem e a mulher. A obra de Deus está presente em cada relação e seu júbilo está inscrito nos corpos dos homens e mulheres. "Não devemos separar aquilo que Deus uniu" (aquilo que o Amor uniu, pois "Deus é Amor"). Mas o que acontece quando Deus não mais é convidado às núpcias, quando falta o vinho e o amor está ausente? O casamento não estaria automaticamente "dissolvido" já que Deus não está mais lá para "unir"?

Yeshoua compreende os escribas e os doutores da lei: se no casamento não "sentirmos" mais amor, isso não quer dizer que o amor esteja ausente. Existem graus de despojamento; não somos fiéis ao outro apenas por estarmos apaixonados e por ele ocupar todo nosso desejo, mas também porque "queremos" amá-lo, o amor sensível pode tornar-se um amor voluntário. Tornamo-nos capazes de transcender nosso próprio prazer e de querer o outro na sua diferença, na sua "outridade". O amor da criança que está sempre procurando preencher suas próprias carências torna-se o amor do adulto capaz de assumir tais carências e de pensar nas do outro...

O adultério também vem perturbar a ordem social; ele pode levar ao crime e ao acerto de contas. Famílias se levantarão contra famílias. Isso pode despedaçar a unidade da nação. É preferíel que um homem e uma mulher morram...

Yeshoua compreende tudo isso. Ele não julga nem uns nem os outros. Ele continua a olhar para a terra, para o pó do qual o homem é feito. Quem colocou nesse pó tais anseios, tais exigências?

Ele se cala, ele está à escuta da voz de Deus que existe nele e fica surpreso que essa Voz possa dizer em um mesmo sopro "não matarás" e ordenar a morte dos adúlteros...

Da mesma maneira como pode haver uma forma de "prostituição legal" no casamento, não haveria talvez uma prática de "assassinato legal" na fidelidade cega aos mandamentos?

Isso permitiria satisfazer, sem uma consciência muito pesada, as pulsões de morte e violência que habitam o homem; sempre se lembrando que em uma sociedade ideal onde reina a Torah não haverá mais necessidade de matar, mas, enquanto o mal estiver no meio do povo, será preciso extirpá-lo, é preciso tirar a maçã podre do cesto senão ela correrá o risco de contaminar todas as outras. Enquanto houver um único homem, uma única mulher podres no mundo, "Não matarás" continuará sendo um sonho...

Silenciosamente, Yeshoua continua curvado sob o peso desta divina contradição: "Não matarás" - "Conduzirás os impuros até as portas da cidade e os apedrejarás até que a morte aconteça" - "Farás o mal desaparecer do meio de vós".

No entanto, ele ouve uma outra coisa nessas palavras, ele ouve, talvez, aquilo que está no coração da sua missão: Onde está escrito "Farás desaparecer a falta, o pecado e os pecadores do meio de vós", Yeshoua ouve: "Farás desaparecer a infelicidade do meio de vós".

Lá onde Judas vê uma falta que é preciso condenar, Yeshoua vê uma infelicidade que é preciso curar. "Você vê o pecado e não o sofrimento, Judas". Yeshoua vê o sofrimento e ele abaixa seus olhos diante do pecado. Ele não procura matar a mulher, ele procura curá-la, libertá-la, pois "YHWH não sente prazer com a morte do pecador, Ele quer que ele viva". Só podemos nos libertar de um desejo através de um desejo ainda maior, só podemos nos libertar do amor através de um amor ainda maior.

E eis que a mulher adúltera se sente de repente mais amada por Yeshoua do que ela jamais o fora pelo seu marido ou seus amantes. Ela esperava receber a justiça e ela encontra a misericórdia. Ela se preparara para o julgamento dos homens e ela encontra um outro julgamento. Será este o julgamento do Deus que Yeshoua carrega em si?

Judas aproxima-se de Yeshoua:

- No que você está pensando, Rabi? Os escribas estão impacientes, eles aguardam uma resposta, eles esperam que você confirme a lei de Moisés e que exija sua aplicação. Eles o reconhecerão, então, como um homem justo. Basta uma palavra sua e ela estará morta!...

Diante de sua insistência, Yeshoua se levanta e diz:

- Que aquele que jamais pecou lhe jogue a primeira pedra.

> Que aquele que jamais olhou uma mulher
> com cobiça lhe jogue a primeira pedra.
> Que aquele que nunca se sentiu infeliz,
> sedento de carinho lhe jogue a primeira pedra.
> Que aquele que jamais se deixou seduzir
> por alguma miragem,
> que aquele que jamais se enganou
> ou enganou os outros,
> lhe jogue a primeira pedra.
> Que aquele que não possui desejos,
> que aquele que nunca roçou de leve a dúvida,
> que aquele que jamais mentiu, lhe jogue a primeira pedra...

Yeshoua enviou cada um de volta a seu próprio coração e quantos não se descobriram covardes demais para serem adúlteros, fracos demais para serem criminosos...

Yeshoua propõe que nos sirvamos da lei não para julgar o outro, mas para nos conhecermos. "Que aquele que é sem pecado lhe jogue a primeira pedra". Através desta simples e fulgurante palavra Yeshoua virou o espelho e fez cada um se olhar nele e, assim como a mulher adúltera, cada um pôde ver seu próprio rosto e os meandros de seu próprio coração.

> Após essas palavras eles se retiraram um por um, começando pelos mais velhos.

Yeshoua observou que foram os mais velhos que se retiraram primeiro, não por terem pecado mais do que os outros (o que também é possível), mas sem dúvida porque na sua idade mais avançada há menos adultério reprimido e, portanto, menos violência. Além do mais, o sentimento da morte que se aproxima talvez lhes tenha tirado o gosto de matar. Os mais jovens têm mais dificuldade em partir, se as mulheres desse tipo não forem apedrejadas, eles se encontrarão face a face com seu desejo e não serão ameaçados a exorcizá-los... Eles ainda não sabem que é o amor, mais do que a ameaça do castigo, que nos liberta do império dos sentidos e das correntes da paixão...

Eles ainda não compreenderam, mas eles deixam cair suas pedras... De onde vem, de repente, essa felicidade ao descobrir em suas mãos reabertas as carícias do vento?

Yeshoua se levantou como se tivesse acabado de sair de um sonho. "Onde estão eles?" Ele estava, sem dúvida, feliz: a Torah não foi utilizada para acrescentar o assassinato ao adultério; eles não se serviram de Deus para matar com a consciência limpa.

Tendo-a libertado do medo, ele pôde olhar a mulher de frente e eis que ela foi lavada pelas águas vivas do seu olhar. Ao mesmo tempo, lavada e incendiada; ela compreende agora que o paraíso e o inferno são a mesma coisa: o olhar que repugna aqueles que não querem nele se afogar e que ergue aqueles que ousam nele mergulhar é o mesmo.

> Mulher, onde estão eles?
> Ninguém a condenou?

O único que poderia condená-la é ele... porque ele é o único que pousa sobre ela um olhar sem sombra de cobiça, sem desejo de sedução ou posse.

Yeshoua tem um olhar de criança surpresa (seremos julgados por um olhar de criança?). A única questão que ele poderia colocar é essa: Mulher, você parou de sofrer? Você ainda se sente infeliz? Você sabe agora que o amor que você procura fora de si reside dentro de você mesma e enquanto não o tiver encontrado, você não o achará exteriormente? Se este Amor estiver em você, você será capaz de amar sob quaisquer circunstâncias, favoráveis ou desfavoráveis, nada nem ninguém podem impedi-la de amar, você é livre, você é capaz de amar, até mesmo seus inimigos, até mesmo seu marido... "Vá, de agora em diante não peques mais".

De agora em diante não se afaste mais desta fonte que existe em você, não passe ao largo da sua vida[9].

"Procure primeiro o Reino", ou seja, o reino do Espírito em você e "todo o resto lhe será dado em acréscimo". De agora em diante, vá! Não olhe para trás, o que passou, passou, você pode fazer todas as coisas de uma forma completamente nova.

Yeshoua não a fecha no remorso ou na culpa. Sua alegria é a de ver essa mulher caminhar, ir em frente, novamente capaz de desejar, esse desejo que esteve um instante desorientado. "Vá! Tenha confiança em Deus. O Mestre do impossível lhe dará a cada dia a força para amar. Vá! Seja feliz!"

Essas últimas palavras foram demais!... E todo esse discurso murmurado a baixa voz, repleto de açúcar e mel... Judas tinha vontade de vomitar.

Onde estava seu Mestre cheio de ardor e força? Aquele que sabia se servir do chicote para perseguir os ímpios? Onde estavam as palavras duras e mordazes com as quais ele sabia atingir aqueles que se afastavam do justo e reto caminho?

De onde vinham de repente essa fraqueza, essa bondade, essa piedade ridícula diante de uma mulher condenada pela lei? Judas teve um sorriso ruim: "De toda maneira, seu belo discurso, seus nobres pensamentos nada mudam. Quando encontrarem na rua essa mulher surpreendida em flagrante delito de adultério, homens, mulheres e crianças continuarão a cuspir na terra, você não poderá fazer com que eles engulam sua saliva, a lei de YHWH nos proíbe toda misericórdia que não passa de complacência para com o mal..."

---

9. Etimologicamente a palavra pecado – *hamartia* – quer dizer "errar o alvo", "passar ao largo".

XII

O dinheiro

Apesar do "sinal de fraqueza" que Yeshoua manifestara por ocasião de seu encontro com a mulher adúltera, Judas continuou a confiar nele. Sua proximidade com Yeshoua tornara-o quase belo, os traços ingratos de seu rosto tinham se suavizado, ele parecia mais jovem e o orgulho com sua aparência dava testemunho de uma certa auto-estima e do reconhecimento dos outros discípulos. Yeshoua acabara de lhe pedir para tomar conta das economias do grupo e gerir o dinheiro que eles recebiam regularmente das pessoas tocadas pelo seu ensinamento. Era uma tarefa difícil que requeria inteligência e, sobretudo, saber escrever e contar. Mateus, o antigo coletor de impostos, poderia ter se encarregado disso, mas a tarefa o teria mantido por demais em contato com sua "vida pregressa".

Judas demonstrara muito entusiasmo quando Yeshoua afirmara que não podemos servir a dois mestres. Deus e o dinheiro, ou um ou outro. "Não devemos servir o dinheiro, devemos nos servir dele", acrescentara Judas. Essa observação agradou a todos e, conseqüentemente, pareceu normal que essa importante tarefa ficasse a seu cargo. Realmente, Judas pensava "se servir" do dinheiro recolhido por Yeshoua e os discípulos não apenas para satisfazer suas necessidades, mas também para comprar as armas para a insurreição contra o invasor. Yeshoua, seu rei-messias, não tardaria a anunciar a revolta.

Yeshoua parecia não se preocupar com as questões financeiras. No entanto, ele muitas vezes falava a respeito: "é difícil para um rico entrar no Reino", ou seja, ser livre. Se o dinheiro que é amado por si mesmo ocupar um espaço demasiado grande na inteligência e no coração de cada um, não mais veremos os bens que ele nos permitiria comprar. Corremos o risco de nos tornarmos insensíveis às necessidades do outro, somos possuídos por aquilo que possuímos. O importante é manter-nos livres. "Lá onde está seu tesouro, lá também estará seu coração" - essa era uma das suas frases favoritas.

O dinheiro só tem valor se ele nos permitir adquirir tesouros mais preciosos que o próprio dinheiro. Ele é apenas um meio, uma energia que devemos fazer circular, senão ele corre o risco de nos tornar pesados e de nos queimar... Fazer do dinheiro um "fim" era para ele uma forma de idolatria e, portanto, de infelicidade. Eles tiveram um exemplo vivo disso quando cruzaram no seu caminho um homem cujo rosto se iluminava à medida que ele contava suas economias. Aquele homem passava ao largo do verdadeiro tesouro que não podemos comprar ou contar: a luz e a paz do coração.

Em alguns momentos, essa atitude de Yeshoua para com o dinheiro parecia ser "espiritual" ou utópica demais. "Ele não percebe a importância da matéria e das responsabilidades que ela acarreta", pensava ele. "Não somos pássaros que não semeiam nem colhem, não somos flores do campo que não fiam nem tecem, somos homens e devemos semear e ceifar, fiar e tecer e colher os frutos de nosso duro labor. Não está escrito que o homem trabalhará "com o suor do seu rosto" e que tudo aquilo que for adquirido sem ser fruto desse trabalho será mal-adquirido, será um roubo, um dinheiro ruim. O dinheiro também é feito para produzir e para frutificar. Yeshoua fazia essa exigência: um dia ele lhes contou essa parábola:

> Porque (será) como um homem que, ausentando-se para longe, chamou os seus servos, e lhes entregou os seus bens. E deu a um cinco talentos e a outro dois, e a outro um, a cada um segundo a sua capacidade, e partiu imediatamente. O que tinha recebido cinco talentos, foi e negociou com eles e ganhou outros cinco. Da mesma sorte o que tinha recebido dois, ganhou outros dois. Mas o que tinha recebido um só, indo, cavou na terra e escondeu o dinheiro do seu senhor.

> E, muito tempo depois, voltou o senhor daqueles servos e chamou-os às contas. E, aproximando-se o que tinha recebido cinco talentos, apresentou-lhe outros cinco, dizendo: Senhor, tu entregaste-me cinco talentos, eis outros cinco mais que lucrei. Seu senhor disse-lhe: Está bem, servo bom e fiel, já que foste fiel em poucas coisas, dar-te-ei a intendência de muitas, entra no gozo do teu Senhor. Apresentou-se também o que tinha recebido dois talentos, e disse: Senhor, tu entregaste-me dois talentos, eis que lucrei outros dois. Seu senhor disse-lhe: Está bem, servo bom e fiel, já que foste fiel em poucas coisas, dar-te-ei a intendência de muitas; entra no gozo do teu Senhor.
>
> E, apresentando-se também o que tinha recebido um só talento, disse: Senhor, sei que és um homem austero, que colhes onde não espalhaste; e, com receio, fui esconder o teu talento na terra; eis o que é teu. Então respondendo o seu senhor, disse-lhe: Servo mau e preguiçoso, sabias que eu colho onde não semeei, e que recolho onde não espalhei; devias, pois, dar o meu dinheiro aos banqueiros e, à minha volta, eu teria recebido certamente com juro o que era meu. Tirai-lhe, pois, o talento, e dai-o ao que tem dez talentos. Porque a todo o que tem, dar-se-lhe-á até o que parece ter. E ao servo inútil lançai-o nas trevas exteriores; ali haverá pranto e ranger de dentes (Mt 25,15-28).

Essas palavras faziam com que Judas reconhecesse o Messias bravio que ele tanto aguardara e que agora reclamava a exigência impiedosa e a exclusão definitiva dos maus servidores. Com um tal Messias, Israel rapidamente voltaria a ser uma nação fértil gerada por homens corajosos e puros.

Yohanan tentara explicar a Judas que, talvez, o essencial da parábola se encontrasse em outro lugar:

– O Mestre pede aos servos a quem ele confiou seu dinheiro que o façam produzir e frutificar para que eles ganhem tanto quanto lhes foi dado... Os cinco talentos ou os dois talentos que eles ganharam é o “seu” dinheiro! Eles ganharam sua liberdade após terem feito frutificar o que lhes foi confiado e assim eles podem entrar na alegria de seu senhor.

Mas aquele que nada produziu, que não fez o dinheiro frutificar, não possui nada além daquilo que lhe foi dado, ele não possui nada a mais, ele não cresceu, ele não ganhou sua liberdade; portanto, ele não poderá entrar na alegria de seu Mestre e aquilo que ele possui será dado àqueles que fizeram frutificar. É compreensível que ele chore e ranja seus dentes...

- Talvez você tenha razão, Yohanan... Não tenha medo, eu farei o dinheiro de meu Mestre frutificar. Ele está nos confiando o preço do seu ensinamento e da sua vida; quando chegar a hora, devemos transmitir seu ensinamento e acrescentar o nosso, dar a sua vida e a nossa...

Judas ficou exaltado com esse pensamento, mas no dia seguinte ele se confrontou com os problemas de impostos que todos os meses devemos dar a César e a seus representantes...

Para Judas isso era impossível, inaceitável. O quê! Dar dinheiro àqueles que nos oprimem para que eles tenham os meios de nos oprimir cada vez mais! Dar-lhes nosso dinheiro para que eles façam espadas e armas com as quais seremos perseguidos...? Não! Esse é o dinheiro que ganhamos com o suor de nosso rosto, no pó das cidades, dos mercados e dos caminhos, ele só pode servir para forjar nossas próprias armas com as quais nós nos libertaremos!

Yeshoua lhe disse:

- Mostrai-me a moeda do tributo. De quem é esta imagem e esta inscrição?

- De César, respondeu Judas.

- Dai, pois, a César o que é de César e a Deus o que é de Deus.

Judas esperava que Yeshoua fosse fazer um comentário acerca dessa parábola, que Yeshoua precisasse que tudo pertence a Deus e que devemos entregar César a Deus e se César recusar-se a submeter-se a Deus, devemos recusar-lhe não apenas os impostos como também todos os tipos de reconhecimento e honra. Mas Yeshoua ficou calado, era esta a palavra de um zelote? Não seria esta uma palavra de compromisso? Quase de colaboração... submeter seu corpo às autoridades vigentes e reservar seu coração a Deus, não era essa a hipocrisia e a duplicidade que ele denunciava... ou seria uma palavra de diplomacia? Ele não quer alarmar o inimigo com essas questões de impostos que, afinal, sempre podemos negociar, para que possamos melhor surpreendê-los e derrotá-los quando for chegado o momento?

Judas começou a ficar impaciente... Quando ele iria se manifestar a todos? Que venha o momento da redenção, a salvação, a liberação de Israel!

XIII

Transfiguração

Antes de entrar no Shabbat, Yeshoua lhes disse:

"Eu vos digo em verdade, existem alguns entre vós que não experimentarão a morte antes de terem visto o Reino de Deus" (Mt 17,1ss).

Judas tinha certeza de que era um dos que veriam novamente a lei de Deus reinar em Israel. Após ter proferido essas palavras, Yeshoua convidou alguns discípulos a ir com ele ao Monte Tabor. Judas não foi convidado. Ele ficou um pouco surpreso, pois nesse dia os escolhidos foram Simão Pedro, Tiago e Yohanan. Até mesmo Míriam permanecera no campo. O que eles foram fazer lá em cima? Não havia ninguém a ser convertido nem nenhum ouvido para escutar seus ensinamentos. Sem dúvida ele queria "subir para o seu Pai" e orar? Mas por que ele não estava sozinho como de hábito?

Quando Simão Pedro, Tiago e Yohanan voltaram da montanha, seus olhos brilhavam com uma estranha luz, seus semblantes pareciam ter sido lavados e queimados por um sol diferente.

Será que Yeshoua tinha lhes contado algum segredo? Uma verdade que os outros discípulos não podiam compreender? "Se até Simão Pedro consegue compreender, mesmo os mais estúpidos entre nós podem compreender", pensava Judas.

O que acontecera? Simão Pedro, Tiago e Yohanan não diziam nenhuma palavra. Judas pediu à Míriam que investigasse o que tinha acontecido; ela era suficientemente íntima de Yohanan e ele suficientemente ingênuo e confiante para contar-lhe o que tinha visto sobre o Monte Tabor. Yohanan, de fato, não demorou a contar-lhe tudo:

"Quando chegamos ao topo da montanha, Yeshoua afastou-se um pouco para orar e enquanto ele orava o aspecto do seu rosto mudou completamente e suas vestes resplandeciam de uma brancura fulgurante. E, de repente, dois homens apareceram para conversar com ele e esses dois homens eram Moshé e Elyaou nos seus corpos de luz. Eles falaram do caminho que conduziria Yeshoua a Jerusalém. Nós estávamos sonolentos, foi no momento em que estávamos despertando que vimos Yeshoua, Moshé e Elyaou na glória! E quando Elyaou e Moshé desapareceram, Simão Pedro disse a Yeshoua:

"Nós estamos aqui, façamos três tendas, uma para você, uma para Moshé, uma para Elyaou..." (Mt 17,1ss).

Ele não sabia o que estava dizendo! Enquanto ele falava, uma nuvem nos cobriu com sua sombra; estávamos aterrorizados... uma voz vinda do coração da nuvem ressoou dizendo:

"Este é meu Filho bem-amado, o Eleito, escutem-no..." (Mt 17,1ss).

Depois, mais nada, silêncio... Estávamos novamente sozinhos com Yeshoua. Seu corpo e seu rosto tinham voltado ao estado normal. Tiago me deu um forte cutucão nas costas para que eu soubesse que não estava sonhando. Nós decidimos nada dizer sobre aquilo que tínhamos visto. Quem iria acreditar?

Não era isso que ele quis dizer quando evocou o Reino que alguns contemplarão antes de morrer? YHWH, "Eu Sou", "Aquele que É", aquele que se revelou a Moshé e a Elyaou em épocas passadas, é o mesmo que se manifestou hoje a nós. O corpo de Yeshoua é a nova sarça ardente onde se encontra presente o Santo Nome, seu Sopro é a brisa suave que envolveu o profeta.

É ele, o Eleito, a Palavra do Pai que nos é dirigida; é ele, o Reino de YHWH entre nós..."

Após ter narrado a Judas as palavras de Yohanan, Míriam acrescentou:

- Eu posso entender por que ele não me convidou para ir ao Monte Tabor. Não havia necessidade, eu já o vi muitas vezes "transfigurado". Aquilo que Yohanan, Tiago e Simão Pedro viram sobre a montanha - seu corpo e seu rosto ensolarados - eu já contemplei do meu leito. Eu vi "Aquele que É" no seu frágil corpo, eu senti o invisível, o Infinito entre meus braços...

- Cale-se, Míriam!, gritou Judas tapando sua boca com sua mão forte e peluda. Você é como Simão Pedro, você está delirando, você não sabe o que está falando... Eu também já o vi inúmeras vezes "transfigurado", especialmente quando ele fala - não é o divino, o logos, a palavra criadora que fala através dele? Ele não é a encarnação da justiça divina quando expulsa os vendilhões do Templo? Eu também já vi seus olhos brilharem como relâmpagos, sua voz estrondar como um trovão, eu já vi nosso Messias tempestuoso em toda sua glória, como um raio que queima, os ímpios serão consumidos e a terra tremerá... O que eu não vi foi Moshé e Elyaou ao seu lado, mas e daí? Isso só confirma aquilo que eu já tinha falado: Yeshoua veio para cumprir a lei e os profetas.

Enquanto eles conversavam, algumas flores tinham desabrochado à sua volta como se fossem manchas vermelhas e brancas sobre a terra ocre.

- Judas, olhe!, exclamou Míriam. É a poeira surpreendida em flagrante delito de primavera!... Se nossos olhos fossem menos povoados por estrelas mortas, veríamos sempre a terra transfigurada... A luz está sempre presente no corpo de Yeshoua, no corpo da terra... o que nos falta são olhos para vê-la...

- Você fala como uma pagã, respondeu Judas, ou como um filósofo ruim ou um poeta medíocre...

- Mas não é o próprio Yeshoua quem nos convida à contemplação das flores dos campos e dos pássaros do céu? A Sabedoria e o

Amor de YHWH estão nas menores coisas e elas dão testemunho do Vivente.

– Se você quiser, ocupe-se das mínimas coisas, Míriam, e deixe para nós, os homens, as grandes!

– Sim, a vocês, a guerra, a nós, os lírios e o jasmim, a vocês, o fogo que devora os campos, a nós, a chama que ilumina e aquece o lar... Estar perto dele é como estar "perto do fogo", mas cada um vê as centelhas que quer ver...

– Que as mulheres se calem!, vociferou Judas afastando-se.

– Quando se trata de Míriam, é impossível ter a última palavra. Apenas o olhar ou o beijo do Mestre e Senhor conseguem fazê-la ficar em silêncio...

XIV

Encontro no deserto

Yeshoua parecia ter mudado após o episódio do Monte Tabor: ele fazia menos milagres e não expulsava mais os demônios. Algumas vezes sua palavra parecia hesitante, ele não era mais um profeta que afirma, mas um profeta que coloca questões: "Para vós, quem sou eu?"

Essa atitude deixou Judas um pouco perplexo. "Ele não sabe mais quem é? Será que ele tem dúvidas quanto à sua missão?"

Judas propôs a Yeshoua que ele se retirasse durante alguns dias no deserto para escutar a voz e o desígnio de YHWH. Como todos os grandes profetas, era com a ajuda do jejum e da oração que ele prepararia sua subida a Jerusalém, pois nesta Páscoa ele se revelaria, enfim, como o Messias aguardado.

Yeshoua concordou, os outros discípulos também aprovaram a idéia e eles prometeram jejuar e orar como preparação para o "grande dia".

Yeshoua propôs a Judas que o acompanhasse ao deserto para que ele também meditasse sobre sua missão, permanecendo à escuta de YHWH e encontrando unicamente nele a força para cumprir aquilo que deverá se cumprir em Jerusalém...

Eles partiram, portanto, juntos sob o sol abrasador. A um dado momento, seus caminhos se separaram, cada um saiu em busca de uma gruta ou algum outro lugar favorável ao seu retiro.

Eles prometeram reencontrar-se ao término de quarenta dias e quarenta noites, se YHWH os mantivesse vivos...

Naquela manhã Yeshoua não ficou imóvel diante do nascer do sol, maravilhando-se com o novo dia e com a beleza insustentável que invade o deserto àquela hora. Todo seu corpo doía. Há quase quarenta dias ele vinha vivendo dessa maneira, no silêncio, na solidão e no jejum. Ele tinha fome, fome de quê? De alimento, é claro, mas também de companhia. Os anjos, Deus e as serpentes não eram "tudo"... Apesar da sua fraqueza, ele decidiu caminhar.

Após ter atravessado algumas dunas, ele descobriu que não estava sozinho; um homem caminhava na sua direção, ou melhor, caminhava para o poço que se encontrava não muito longe da gruta que lhe servia de refúgio.

Eles chegaram juntos à borda do poço. Sem dizer uma palavra, Judas recolheu alguns gravetos e acendeu um fogo como se quisesse aquecer um pouco d'água que ele poderia compartilhar com aquele que ele considerava seu hóspede. Ele fez um sinal para que ele se sentasse.

Yeshoua, sempre em silêncio, o observou e depois veio sentar-se ao seu lado. No deserto ao longe só era possível distinguir uma única silhueta ou as duas vertentes da mesma colina, uma vertente estava sombreada enquanto a outra era iluminada pelo sol levante.

É claro que eles se reconheceram. Ambos estavam lá, conduzidos pelo Espírito, para discernir qual era sua missão, que tipo de Messias eles escolheriam encarnar. Que Deus, que poder infinito ou presença infinita eles teriam que manifestar aos homens para que esses fossem "salvos" e que todas as nações conhecessem, enfim, a paz?

Foi Judas quem primeiro tomou a palavra:

- Basta transformar essas pedras em pão... dar de comer a todos... o que mais poderíamos desejar aos homens? Que eles tenham a barriga cheia e não haverá mais guerras, não haverá mais ricos, não haverá mais pobres, será o fim das injustiças: comida suficiente para todos, nada mais a desejar, nenhum outro problema a resolver, a única beatitude que poderíamos desejar é termos uma bela e longa digestão e um sono tranqüilo sob o céu clemente. Olhe os animais, Yeshoua eles se levantam apenas para comer. Uma vez satisfeitos, eles dormem. O paraíso era diferente no início? Árvores frutíferas? Pedras transformadas em pães? Eis nossa missão como "filhos de Deus", como verdadeiros messias: resolver o problema econômico, comida suficiente para todos, apagar todos esses desejos inúteis que assombram o homem durante seus felizes excessos na busca de uma saciedade durável. A única realidade é a realidade da matéria, eis o único verdadeiro Deus que devemos servir, aquele que enche nossa barriga, nos salva e nos liberta da fome.

Judas estendeu a Yeshoua uma vasilha que ele tirara do seu alforje para enchê-la d'água, à qual ele acrescentara algumas ervas que começavam a ferver.

Yeshoua, apesar da sede que o atormentava, com um gesto tranqüilo declinou a água que lhe era oferecida e disse que seu jejum ainda não terminara, mas que logo eles fariam tilintar juntos seus cálices cheios de vinho.

Ele acrescentou, olhando Judas nos olhos:

– O homem não vive apenas de pão. O homem não é apenas matéria e ventre, ele também tem fome de outros alimentos, fome de amizade, de poesia, de beleza, de verdade. Não acredite que é possível reduzir o desejo do homem às suas necessidades imediatas. A saciedade não é a felicidade, observe os mais ricos, os notáveis entre nós, observe seus olhos: nada lhes falta e, no entanto, o essencial lhes falta. O homem não se alimenta apenas de pão, mas também do verdadeiro silêncio e de verdadeiras palavras de amor e luz. Há nele um desejo infinito que não se satisfaz com nada, um desejo infinito que apenas o infinito pode preencher. Eis o messias esperado: alguém que esteja à escuta do mais secreto desejo, oculto no coração de todas as fomes. Em todo homem existe esse desejo de YHWH, o Ser que é o que é, o Ser de onde eles vêm e para onde eles voltarão...

– Yeshoua, você não pode dizer isso às barrigas vazias, eles acabarão cuspindo na sua cara – "pão e jogos": eis o que queremos, viemos da terra e a terra voltaremos, não existe mais nada e somos responsáveis pela distribuição satisfatória dessa terra. Você vai envenenar a vida desses pobres homens fazendo com que eles desejem outras coisas; o silêncio, o amor, a luz!!! Olhe para o céu azul: ele não é comestível, ele é belo. Não é possível assimilá-lo como se estivéssemos comendo uma salada. Seja realista, Yeshoua! Não prometa o impossível ao homem.

– Eu não sou estúpido, Judas. Sei muito bem que não é possível falar de Deus às barrigas vazias. Seria preciso multiplicar e compartilhar os pães para que cada um receba sua parte, mas o homem é mais do que sua fome e suas necessidades. Dê-lhe pão, mas dê-lhe também sua mão; dê a ele a roupa que lhe falta, mas não esqueça de lhe dar o calor da sua presença, transmita a ele palavras de conhecimento, mas dê também o silêncio e a claridade dos seus olhos. Nutra e acaricie seu ventre, mas não esqueça de abrir seu coração, de iluminar sua inteligência...

Judas deu de ombros e suspirou: "Pobre Messias, doce sonhador, será preciso dedicar-me a uma tarefa mais útil e mais consistente do que a dele..."

Eles ficaram assim, lado a lado, cada um absorto nos seus próprios pensamentos...

De repente, Judas se levantou e ficou de pé diante de Yeshoua:

– Yeshoua, em honra de YHWH, nosso Deus, devemos unir todas as nações e fazer delas uma só sob o estandarte do seu Nome. Teremos um único líder, um único dono do mundo; tudo e todos se submeterão a ele. Essa é a solução mais justa. Enquanto houver diferenças de culturas, de nações, de línguas, de raças, de religiões, não seremos feitos à imagem do Único. Eis o Messias que o mundo espera, alguém que lhe diga o que é bom, o que é ruim. Eles só terão que obedecer à lei, uma única lei para todos. É óbvio que no início isso só será possível através do emprego da força, mas quando tudo obedecer a um único poder central, a um único poder mundial, nós conheceremos novamente a paz, a harmonia e a concórdia. É preciso forçar os homens a ser feliz, Yeshoua; fazê-los dar os mesmos passos, que eles caminhem no mesmo ritmo e na mesma direção...

Judas estava exaltado.

- Que venha o Reino de Deus, que seu Nome seja imposto a todos. Fora os ímpios, os infiéis, os impuros, que a justiça seja feita! Não há outra solução, Yeshoua. Um só Deus, um só Messias, uma só moeda, um só poder. Caiamos de joelhos diante do Único, Yeshoua. Vamos encarná-lo - não existe outra realidade, outro Deus...

Enquanto Judas permanecia em pé diante dele, resplandecente e destilando certeza, Yeshoua afastou-se dele; seu olhar procurava no horizonte um invisível oásis...

- Seu Deus único não é Deus, Judas. Ele é um ídolo, um ídolo do poder, uma ideologia... Nosso Deus não é único, Ele é Um. O Um respeita a multiplicidade e as diferenças - o único as destrói. A vida toma múltiplos rostos, corpos que não se assemelham e, no entanto, a vida é uma e una... É o mesmo ar e o mesmo Sopro para todos, mas cada um respira à sua maneira. É verdade que todos os homens têm o mesmo esqueleto... mas você quer reduzi-los a isso... O que eu aprecio nos homens é aquilo que envolve o esqueleto, os crânios dos mortos não se parecem, mas observe os rostos, sua beleza não é também sua diferença? A cor de seus olhos, da sua pele... Por que você quer que todos caibam em um único molde: mesmo olhar, mesma cor, mesma bandeira, mesmo deus ou, melhor, mesmo ídolo!... Não seria preciso, pelo contrário, salvar os homens da uniformidade, parar de reduzi-los ao mesmo impondo-lhe um único poder?

- Nosso Deus é Todo-poderoso e Ele deve se impor aos homens de maneira poderosa. Senão não teremos paz, não teremos a unidade entre os povos. O Messias que esperamos deve possuir essa força...

- Não podemos forçar as pessoas a serem felizes, estaríamos negando-lhes sua liberdade. Não podemos obrigá-los a amar, estaríamos impedindo-os de amar e de descobrir o Um que os une, mas que também os diferencia.

- O quê, Yeshoua! Você está rejeitando o culto ao Deus único, obrigatório a todos para que nós formemos um único mundo! Você esquece que existe uma só religião, a nossa, a de nossos pais e que todos devem se submeter à sua Lei.

– O deserto o está invadindo, Judas. Cada grão de areia se parece com o outro e, no entanto, se você observar bem... Pense em um jardim: ele é regado pela mesma água, mas essa água floresce rosa na rosa, azul no miosótis, branca no lírio... a variedade de suas formas e de suas cores faz a beleza do buquê. É dessa maneira que devemos elevar a Deus buquês de variados louvores... Temos diferentes religiões para que, juntas, elas nos estimulem ao Bem. Somos de raças, nações, cores e culturas diferentes para celebrarmos a infinita variedade da vida Una. Se realmente somos seus enviados, devemos encarnar a todo-poderosa força do Amor. Apenas o Amor pode nos impedir de fazer de nossas diferenças, oposições ou exclusões. O Amor também é a única força que pode evitar que façamos de nossas uniões, misturas, uniformizações ou que as reduzamos a um mesmo denominador comum... Eu não me ajoelharei diante de um outro deus, Judas. O Amor é o único Deus que não podemos fazer um ídolo, só podemos tê-lo quando o damos. Sua força nos é dada não para dominarmos, mas para servirmos, nosso profeta Isaías chamava o Messias que deve vir de "Servidor".

– Um Servidor!, exclamou Judas. Que Messias! A serviço e sob as botas dos poderosos, um cão que rasteja diante dos donos do mundo! Você me dá pena, Yeshoua.

– Não, não um cão que rasteja, Judas. Um cão muito mais eficaz do que um leão morto, um cão que late na hora do perigo e que nos acompanha na hora da solidão. Não um cão, Judas; um homem, um homem que não gosta apenas dos cães, que gosta também dos humanos, de todos os humanos, de todas as plantas, de todas as estrelas e que respeita cada um na sua diferença. Um sábio, aquele que experimenta, aquele que sabe saborear o gosto do Um no coração do múltiplo...

– Yeshoua, se você começar a falar e a pensar como um filósofo, você jamais será um Messias. De todo jeito, todo esse falatório faz com que eu duvide que você seja aquele que nós esperamos... Eu jamais me inclinarei diante dos argumentos da sua bela razão.

Eu só me inclinarei diante do poder do Único, do universal contra todos os particularismos. Eu adorarei apenas o Único.

- Judas, você se lembra da história daquele bandido que colocava todas as pessoas que ele encontrava na sua cama? Ele cortava os pés daqueles que eram maiores do que a cama e esticava aqueles que eram menores. Todos tinham que ter o "seu" tamanho, todos deviam ser parecidos com ele, todos iguais... ninguém podia ser ele próprio, ninguém estava feliz... Como podemos permitir que cada um seja si mesmo sem que isso se torne um jogo de força? Imagine um mundo onde as fronteiras não detêm ninguém e onde os muros não separam uns dos outros, mas nos servem de abrigo em comum...

- "Imaginar" não é o suficiente, Yeshoua! Devemos "obrigar" os homens a fazer o bem, a destruir todas as fronteiras, a derrubar todos os muros, falar uma só língua, devemos impor nossa visão da paz. Você trata os homens como se no fundo eles fossem livres, adultos e bons - você está sonhando, Yeshoua! Olhe a história de nosso povo e de todos os povos; os homens são maus, são crianças caprichosas, se lhes fizermos muito carinho, eles se tornarão animais estúpidos e ferozes. É apenas através do uso do chicote que eles se tornarão doces e humildes.

- Eu não concordo, Judas. Não é possível curar o mal através do mal, a violência através da violência. Não é possível colher as uvas sob os espinhos... Se é possível reconhecer uma árvore através dos seus frutos, como você pode imaginar que o amor possa nascer do ódio, que a paz possa vir da guerra?

- Olhe para a história, Yeshoua!, repetiu Judas.

Judas ficou um momento em silêncio, depois se aproximou do poço. Após ter observado durante um instante o fundo do poço, medindo sua profundidade, ele se virou para Yeshoua e disse:

- Um filho de Deus não deveria ter medo de se jogar no fundo do poço, pois sabe que Deus está com ele e que os seus anjos o ampararão, não deixando que nenhum mal lhe aconteça. Ele poderia se jogar do pináculo do Templo em Jerusalém sem que nenhum dos seus ossos se quebrasse. Eis o Messias que precisamos, Yeshoua. Alguém que possa subjugar o povo através do seu poder, da sua magia, alguém extraordinário que "nos encha os olhos". Não seria possível não vê-lo, ele teria o grande poder da evidência; não seria possível duvidar, ele seria a prova evidente, científica e mágica da existência de Deus.

– Ele seria a prova evidente de um poder que se toma por Deus ou, sobretudo, que quer se fazer tomar por Deus – seu Messias é um usurpador, Judas, um grande feiticeiro, um fazedor de milagres, respondeu Yeshoua.

– Mas é disso que precisamos, Yeshoua. Alguém que nos livre da fé. Os homens adoram ser fascinados, seduzidos, obrigados. Do que vale um messias que nos deixaria em dúvida? Que não nos cegaria com a luz da sua evidência...?

– Esse seria um Messias que ama o homem livre, Judas, que não força nada nem ninguém a amá-lo ou a acreditar nele...!

– Você obedece a qual tipo de Deus, Yeshoua? Ele não enche a barriga de ninguém, ele não quer a unificação de todos sob um mesmo poder, ele não utiliza nenhum meio para nos seduzir e nos subjugar. Se esse retiro no deserto não servir para desenvolver seus poderes, qual terá sido sua utilidade? Tornar-se um verdadeiro chefe e se fazer obedecer, tendo um projeto claro e óbvio para todas as nações e que ninguém possa lhe fazer a mínima objeção... e para aqueles que não compreenderem que você quer sua felicidade e sua salvação, você deverá saber realizar os belos milagres que os deixarão pregados ao chão e os farão, enfim, adorá-lo após terem saboreado seu pó...

Yeshoua e Judas se aproximaram um do outro, eles estavam cansados como se tivessem travado um verdadeiro combate. Cada um estava convicto da sua posição, cada um era sincero... Yeshoua aproximou-se de Judas. Ele beijou-o na face, dizendo: "Até logo, meu amigo... agora vamos orar". Cada um se retirou. Apenas o vento do deserto e uma serpente foram testemunhas da sua oração... A bela voz grave de Yeshoua salmodiava em aramaico:

A'woon dwash'maya
Nethkadash shmakh

Tethey mal'kuthakh
Neweh sewe'yanakh
A'kana dwash'maya
Ap bar' ah
Haw' lan 'lahma
Sun'kanan yau'mana
Washwok 'lan 'haw'bain
Akana dap h'nan
'Shwakan l'hayawen
W'la'tcalan (l') 'hysiona
Ella pasan min-bisha
Mitol ddee'la khee
Malkuthakh (w') t/aila (w') tizota
La 'alam almeen
Amen.

Pai Nosso que estais no céu,
Santificado seja o vosso nome,
Venha a nós o vosso Reino,
Seja feita a vossa vontade
Assim na terra como nos céus.
O alimento essencial nosso de cada dia nos dai hoje,
Perdoai nossas ofensas
Assim como perdoamos àqueles que nos tenham ofendido,
Não nos deixeis cair em tentação
Mas livrai-nos de todo o mal,
Pois a vós pertencem
O Reino, o Poder e a Glória.
Amém.

Não muito longe dele uma outra voz grave, mas mais tensa e exaltada, também salmodiava sua prece:

Deus do poder,
Senhor dos mundos,
Que à menção de vosso nome todas as nações
Se submetam e tremam.

Que vosso reino se imponha a todos.
Que ninguém se oponha
à vossa vontade, nem na terra,
Nem nos mundos intermediários.
Dê o pão e a abundância
Necessários a todos os humanos.
Que nenhum perdão, nenhuma piedade
Sejam concedidos aos ímpios.
Através das provações faça de nós
Homens fortes e triunfantes.
Livrai-nos de todas as fraquezas.
Nos faça alcançar por todos os meios
Nosso objetivo,
Pois a Vós pertencem
O Reino, o Poder e a Glória...

XV

Jerusalém

Dali em diante, as divergências entre Yeshoua e Judas ficaram mais evidentes. Sua oração e sua visão do Messias eram diferentes e, no entanto, quando eles voltaram juntos do deserto, aos olhos dos outros discípulos, sua amizade parecia ter se aprofundado. Judas adquirira igualmente autoridade quando anunciou que Yeshoua faria sua entrada triunfal em Jerusalém e que todos o reconheceriam como o Messias - a esse respeito não havia a menor dúvida.

"Vamos preparar a entrada na cidade santa do novo rei de Israel, lhes disse ele. O Mestre disse que perto do Monte das Oliveiras nós encontraremos uma jumenta com seu potrinho - devemos desamarrá-la e levá-la até ele. Se alguém fizer alguma objeção, digam que é para o Messias..."

Judas precisou aos discípulos que tudo deveria se passar como anunciara Zacarias, o profeta:

> Salta de alegria, ó filha de Sião,
> enche-te de júbilo, ó filha de Jerusalém.
> Eis que o teu rei virá a ti, justo e salvador;
> Ele é pobre e vem montado sobre uma jumenta
> E sobre o potrinho da jumenta (Zc 9,9).

Os discípulos foram, então, a Betfagé no Monte das Oliveiras. Eles acharam a jumenta e o seu potrinho e os levaram até Yeshoua.

Eles colocaram seus mantos sobre o dorso dos animais e pediram que ele se sentasse. Judas explicou aos discípulos que o Messias deveria sentar-se sobre uma jumenta não apenas para cumprir as Escrituras, mas também por causa das suas grandes orelhas que simbolizavam a escuta e a atenção. Israel é a jumenta que deve estar à escuta da lei transmitida pelo seu Rei-Messias: "*Schema*, escute, Israel..."

"Agora", acrescentou ele, "corram pelas ruas e vilas, gritem em alto e bom som que o Messias chegou, que todos se unam e venham honrá-lo..."

Logo, uma multidão aglomerou-se em torno deles. Eles pegaram galhos de palmeiras e tecidos para enfeitar o caminho por onde passaria Yeshoua. Os discípulos convidaram homens, mulheres e crianças a gritar junto com eles:

> Hosana ao Filho de Davi!
> Bendito o que vem em nome do Senhor!
> Hosana no mais alto dos céus! (Mt 21,9).

A cidade inteira vibrava com esses gritos e os moradores de Jerusalém perguntavam: "Quem é ele?" e a multidão respondia: "É o Messias! É o profeta galileu Yeshoua de Nazaré!"

Judas estava exultante; enfim! O grande dia se aproximava; Yeshoua insurgiria as massas. Judas tinha separado um dinheiro para a compra de armas, bastava prevenir seus amigos zelotes que já se encontravam no local e a insurreição poderia, finalmente, acontecer. Os romanos fugirão, os grandes sacerdotes saduceus e herodianos serão obrigados a se submeter. Yeshoua subiria sobre o trono e a restauração da linhagem de Davi seria estabelecida em Israel.

Para Yeshoua, as coisas não eram assim tão simples; sua atitude era estranha, ambígua. Quando alguns habitantes de Jerusalém observaram que seus discípulos gritavam alto demais, ele respondeu: "Eu vos digo, se eles se calarem, as pedras gritarão". Ele aprovava, portanto, esse espetáculo barulhento, destinado a desestabilizar as autoridades locais. Era isso que Judas desejava.

No entanto, Yeshoua parecia não compartilhar da alegria de seus discípulos. Míriam chegou a notar uma certa tristeza em seus olhos; um messias triste – isso não é possível! Ela teve um pressentimento do que iria acontecer. Demasiado sucesso acarreta demasiado ciúme, os fariseus e os sacerdotes iriam certamente reagir e procurar fazer com que ele desaparecesse. Muitas vezes eles utilizavam venenos, pois "faz menos barulho do que as armas". Ela teria que redobrar a vigilância ao preparar e servir a comida do Mestre e Senhor.

Ela tinha outras preocupações: seu irmão Lázaro estava gravemente enfermo e ela adoraria que Yeshoua fosse visitá-lo, mas suas atividades de profeta ainda não permitiam que ele passasse muito tempo junto daqueles que ele chamava sua "segunda família", não sua família de Nazaré, mas sua família de Betânia, lá onde ele adorava ir recuperar suas forças junto a "seus amigos"...

A multidão em festa conduziu Yeshoua até às portas de Jerusalém, todos aguardavam um discurso, mas ele nada disse e se retirou.

Judas, um pouco surpreso, tomou a palavra para assegurá-los de que o Messias, após um pouco de descanso, voltaria e lhes indicaria o caminho a seguir para que suas expectativas fossem, enfim, realizadas e que sua alegria fosse completa.

Yeshoua subira uma pequena colina não muito longe da cidade. Dali ele podia contemplar Jerusalém; ao ver o Templo, começou a chorar: "Se ao menos neste dia, que te é dado, tu conhecesses a paz! Mas agora isto está encoberto aos teus olhos. Porque virão para ti dias em que os teus inimigos te cercarão de trincheiras, e te sitiarão, e te apertarão por todos os lados; e te derribarão por terra a ti e aos teus filhos, que estão dentro de ti, e não deixarão em ti pedra sobre pedra; porque não conheceste o tempo da tua vida" (Lc 19,44).

Tendo se aproximado, Judas viu Yeshoua chorando. Isso foi para ele insuportável, ele não conseguiu deixar de sacudi-lo pelos ombros e levantar-lhe a cabeça!

– O quê!, a multidão o aclama, grita de alegria e você chora... é dessa maneira que você pensa salvar e libertar o seu povo? Deixe as lágrimas para Míriam e para todas essas mulheres que atrasam nossa marcha triunfal! Yeshoua, é chegada a hora, alegra-te, filho de Adonai, não deixe que seus pensamentos e seu coração escureçam... de pé! A vitória está próxima...

E ele acrescentou com uma voz menos exaltada, mas sempre firme:

– Lázaro vai morrer, ou fingir morrer. Deixe-o três ou quatro dias no túmulo, depois venha reanimá-lo, nós faremos de uma tal maneira que haja muitas testemunhas, esse é o milagre de que precisávamos para subjugar mesmo os mais reticentes a nossa causa.. No deserto eu lhe disse que a multidão tem necessidade de sinais e de prodígios, ela quer ser obrigada a acreditar... Ela vai acreditar em você, e depois faremos tudo que quisermos, tudo que YHWH quiser: a vinda do seu Reino – você não pode mais recuar, Yeshoua...

XVI
Lázaro

Míriam amava muito seu irmão Lázaro. Desde muito cedo ele lhe transmitira o prazer do estudo e o gosto pela Torah. Essa era, aliás, uma das razões pelas quais ela era chamada de pecadora; o estudo era reservado aos homens, ao estudar ela se tornava uma "fora-da-lei".

Yeshoua não a considerava como tal e desde o início ela fora sua discípula favorita e sua companheira, para surpresa dos outros discípulos e, principalmente, de Judas. Foi ela quem apresentou Yeshoua a Lázaro e a Marta, sua irmã. Foi assim que Betânia acabou tornando-se uma espécie de refúgio para ele, não apenas por causa de Míriam, mas também por causa de Lázaro com quem ele passava longas horas trocando idéias sobre os diferentes níveis de interpretação da Torah e a liberdade que YHWH concede àqueles que a procuram... Cada versículo da Torah, como cada acontecimento da nossa vida, é deixado à nossa interpretação, nada é puro ou impuro por si só, tudo depende daquilo que fazemos... Muitas vezes suas conversas atravessavam a noite. Marta e os poucos discípulos que eram convidados por Míriam ficavam admirados e, às vezes, irritados diante de tantas sutilezas ocultas na "letra" do livro. "Não basta ser inteligente, é preciso também ter um coração para reencontrar o Espírito, o Sopro que inspirou a letra", dizia Lázaro. Yeshoua estava de acordo.

Apesar de Lázaro jamais ter se tornado seu discípulo, ele o considerava como um amigo íntimo.

– O ensinamento de Hillel e de Shammaï são suficientes para mim, dizia Lázaro, e, aliás, aquilo que Yeshoua diz não é diferente... à exceção desse convite disparatado e impossível para um humano de “amar seus inimigos”. Quanto ao resto da sua doutrina, ela se assemelha à dos fariseus...

– Mas ele faz o que diz, ele coloca em prática a Torah que ele ensina, ele dá sua carne e os seus ossos à lei, acrescentou Míriam com um sorriso...

Judas tinha pouca simpatia por Lázaro: “Ele tem cheiro de pergaminho, é um homem rico que se faz servir por sua irmã Marta. Ele pouco se importa com os pobres que sofrem com a opressão romana...”

Para ele, era praticamente incompreensível que Yeshoua pudesse gostar tanto assim de Lázaro: “Sem dúvida é por influência de Míriam...”

Judas tinha avisado Yeshoua de que Lázaro deveria morrer. Portanto, quando sua morte lhe foi anunciada, ele não ficou surpreso e permaneceu ainda mais dois dias no lugar onde se encontrava. Depois, virando-se para os seus discípulos, ele disse: “Venham, nosso amigo Lázaro dorme, mas vou despertá-lo do sono... Lázaro morreu. E eu, por amor de vós, folgo não ter estado lá para que creiais...” Judas também estava feliz: Yeshoua compreendera sua mensagem, o mundo tinha necessidade de milagres para acreditar!...

No caminho eles encontraram Marta, que disse a Yeshoua:

– Rabi, se tu estivesses aqui, meu irmão não teria morrido. Mas também sei agora que tudo o que pedires a YHWH Ele te concederá.

Respondeu-lhe Yeshoua:

– Teu irmão há de ressuscitar.

Disse-lhe Marta:

– Eu sei que há de ressuscitar na ressurreição que haverá no último dia.

Disse-lhe Yeshoua:

– “Eu Sou” a Ressurreição e a Vida; o que crê em “Eu Sou”, ainda que esteja morto, viverá e todo o que vive e crê em “Eu Sou”, não morrerá eternamente. Crês isto?

Ela disse-lhe:

- Sim, Senhor, eu creio que tu és o Messias, Filho do Deus vivo, que vieste a este mundo..." (Jo 11,1-17).

Judas ficou impressionado pelo poder e pela profundidade das palavras pronunciadas pelo Mestre e Senhor: em Yeshoua era realmente "Eu Sou", o Nome divino, a presença revelada a Moisés que se manifestava. Esse "Eu Sou" é eterno, ele não pertence ao tempo, portanto, ele não pode morrer.

Aquele que, assim como Yeshoua, descobriu em si a presença do "Eu Sou", YHWH, jamais morrerá: Ele já está ressuscitado. "Sim, Yeshoua já ressuscitou e eu também, pouco nos importa morrer, a única coisa que morre é o nosso medo de morrer, nosso apego àquilo que é mortal por natureza. Nós vamos, nós voltamos, para lá onde está 'Eu Sou' desde sempre, nós descobriremos nossa verdadeira natureza, nossa terra do céu, o país que nunca deixamos, que apenas esquecemos... Sem dúvida, Marta não entende nada disso, mas ela acredita e, através da sua fé, poderá talvez entrar em contato com o 'Eu Sou' que está nela assim como em Yeshoua e que não pode morrer..."

As lágrimas de Míriam o tiraram das suas reflexões. Lázaro estava morto, bem morto, ele não estava fingindo, ele já estava na terra há quase quatro dias.

Judas viu que Yeshoua também chorava. "Realmente! Que Messias estranho. Há alguns instantes ele afirmou com a serenidade e a impassibilidade de um deus que "Eu Sou", YHWH que nele habita, é a Ressurreição e a Vida e que Lázaro, mais do que qualquer outro, conhecia esse "Eu Sou" e não tinha razão para temer a morte... e agora eu o vejo chorando como faz o mais comum dos homens ao prantear seu amigo.

- O que está acontecendo, Yeshoua? Você duvida desta "vida nas alturas"[10] na qual você nos pede para acreditar?

---

10. "Vida nas alturas" – vida eterna – traduções possíveis para a palavra *anastasis. Stasis* (colocar-se), *ana* (no alto), que é normalmente traduzido por "ressurreição".

– Mas nós ainda estamos "aqui embaixo", Judas. Não é vergonhoso um homem chorar seu amigo. Yeshoua é certamente divino, ele é mais do que humano, "divinamente humano"... disse-lhe Felipe.

Yeshoua ouvira Judas e ouvira também os judeus que diziam: "Vejam como ele o amava. Este, que abriu os olhos ao que era cego de nascença, não podia fazer que este não morresse?"

E então, Yeshoua disse:

– Tirem a pedra.

Marta interveio:

– Mestre, ele já está cheirando mal, porque já aí está há quatro dias.

Yeshoua respondeu:

– Não te disse eu que, se tu creres, verás a glória de YHWH?

Eles retiraram a pedra. Yeshoua orava:

> *Abba,*
> dou-te graças, porque me tens ouvido.
> Eu bem sabia que me ouves sempre,
> Mas falei assim por causa do povo que está à roda de mim
> Para que creiam que tu me enviaste.

Tendo dito estas palavras, bradou em alta voz:

– Lázaro, sai para fora!

O morto começou a se mexer apesar de ter os movimentos travados pelas ataduras que envolviam seu corpo e pelo sudário que cobria seu rosto. Yeshoua dirigiu-se àqueles que estavam próximos e que não acreditavam nos seus próprios olhos:

– Desatai-o e deixai-o ir (Jo 11,1-17).

Judas estava exultante: "Yeshoua é o mestre da vida e da morte, ele reanimou Lázaro, ele nos despertará a todos, não importa qual seja a morte que nos envolva. Sacudiremos nossos sudários, arrancaremos as ataduras que nos prendem ao pó e caminharemos com ele, ele é o nosso Salvador!"

Vendo aquilo que Yeshoua tinha feito, muitos dos judaicos que tinham se aproximado de Míriam e de Marta para chorar Lázaro, que era um notável entre eles, passaram a crer nele.

Alguns foram contar aos grandes pontífices aquilo que tinham acabado de testemunhar. A notícia os deixou apreensivos e eles se reuniram em conselho para discutir o assunto: "O que vamos fazer?", disseram eles, "esse homem realiza muitos prodígios. Se nós o deixarmos continuar com isso, todos passarão a crer nele e acabarão por fazer dele um rei. Isso vai deixar os romanos inquietos, pois não é possível haver outros reis além de César. Eles acabarão destruindo nosso santo templo e nossa nação..."

Caifás, que era o pontífice daquele ano, lhes disse: "é preferível que morra um homem ao invés de toda uma nação..."

Foi naquele instante que eles decidiram que Yeshoua deveria morrer...

Judas soube da notícia através de conhecidos seus que trabalhavam como servos do pontífice. A notícia foi para ele um sinal de que ele deveria se apressar. Ele tomou algum dinheiro do caixa comum para poder comprar armas para que aqueles que ele passara a chamar de "partidários do Messias" pudessem defendê-lo e destruir aqueles que ameaçavam sua vida...

XVII

Betânia

A Páscoa estava próxima, muitas pessoas vindas do campo dirigiam-se a Jerusalém. Todos estavam à espera de Yeshoua e, ao chegar ao Templo, eles se perguntavam entre si: "Será que ele virá à festa?", pois todos conheciam as ameaças que pairavam sobre ele, mas todos se diziam prontos a defendê-lo. Após os inúmeros sinais e milagres, quem poderia duvidar dele? Ele não era capaz de aniquilar seus opositores?

Yeshoua permanecia escondido e ao mesmo tempo se preparava para celebrar a Páscoa junto a seus amigos de Betânia.

Lázaro, que ele fizera voltar à vida, lá estava. Ele contava aquilo que vivera durante os quatro dias onde estivera "morto"; essa estranha viagem da alma através dos mundos intermediários, todos esses "climas" que devemos atravessar antes de voltarmos à pura luz, todos esses mundos que são a lembrança não apenas dos atos que realizamos, mas também de todos os pensamentos, emoções, sentimentos e desejos que suportamos durante nossa vida mortal... Míriam anotava todas as palavras de seu irmão – assim como Judas, ela também pensava em escrever um dia um evangelho onde ela contaria tudo que observara e vivera junto ao seu *rabbounni*, seu Mestre bem-amado.

Yeshoua estava surpreso por Lázaro dar tantos detalhes. Ele acreditara que para o seu amigo o acesso à luz teria sido mais direto.

Lázaro interrogava Yeshoua sobre a maneira pela qual ele pudera fazer sua alma voltar ao seu corpo para que este fosse reanimado.

Yeshoua lhe respondera dizendo que sua alma não tinha "partido" para muito longe, ela ainda não perdera completamente o apego a seu corpo mortal, o que explicava tudo que ele pudera viver nos mundos intermediários onde a alma se purifica antes de tornar-se uma com o Espírito...

Mas não era mais momento para tais especulações. O perigo rondava a casa de Betânia e todos esperavam que, de um momento a outro, os soldados romanos surgissem para prender aquele que os pontífices tinham denunciado como sendo um usurpador, semeador de problemas, que quer se fazer passar por rei e tomar o lugar de César. Mas até agora ninguém havia ainda indicado o lugar onde ele se escondia.

Mais do que qualquer outra pessoa, Míriam estava inquieta. Ela pressentia o que iria acontecer, mas não tinha palavras para dizê-lo, tinha apenas seu corpo, seus cabelos, suas mãos, seus lábios... e todo seu corpo tremia... Ela dirigiu-se ao quarto e voltou com um vaso de alabastro cheio de um perfume de nardo muito puro e valioso. Ela derramou o perfume sobre os pés de Yeshoua e, utilizando suas mãos, ela o fez penetrar docemente em seu corpo como para uma unção, depois ela os secou com seus cabelos e a casa encheu-se de perfume...

Os discípulos estavam habituados às extravagâncias de Míriam, mas dessa vez ela parecia ter exagerado... No entanto, os gestos de Míriam eram os mesmos das sacerdotisas dos templos antigos e pagãos quando estas consagravam os jovens reis ou anunciavam sua morte...

Na tradição judaica, "Messias", *Massiah,* quer dizer "Aquele que recebeu a unção". Naquele momento Míriam reconhecia em seu bem-amado o Messias ou o jovem rei que vai morrer. Tudo isso estava, sem dúvida, confuso em sua cabeça e em seu coração, mas seus gestos eram justos e simbólicos...

Os discípulos não compreenderam seu gesto. Judas sentiu-se particularmente incomodado, pois ele conhecia o preço do perfume! Ele disse: "Esse perfume deveria ter sido vendido a trezentos denários que nós teríamos dado aos pobres!" – ele pensava mais precisamente nas armas que poderia ter comprado para libertar os pobres...

Os discípulos aprovaram suas palavras, mas Yeshoua lhes disse:

– Deixem-na em paz. Ela deveria guardar esse perfume valioso para o dia da minha sepultura... Por que esperar que alguém esteja morto para lhe dar flores, lágrimas e perfume...? Não é melhor oferecer-lhe aquilo que temos de mais íntimo e de mais precioso enquanto ele estiver vivo?... Infelizmente, vocês terão os pobres e infelizes ainda durante muito tempo entre vocês. Tomem conta deles como se cuidassem do meu próprio corpo, tudo que vocês fizerem ao menor dos homens, será a "Eu Sou" que vocês farão. Não se privem dessa generosidade, dessa dádiva, é através do dom que vocês se tornam divinos. Mas eu, tal qual eu sou hoje em dia, eu não serei para sempre. Míriam sabe disso; ela sabe, como vocês também sabem, que eu não vou envelhecer, eu vou morrer.

– Não, você não vai morrer, disse Judas.

– Você tem as palavras da vida eterna, acrescentou Simão Pedro.

– E por que eu não haveria de morrer? Eu não sou um homem como vocês, raça de pó...?

– Raça de luz!, exclamou Yohanan.

– O que você diz é verdade, Yohanan, mas a noite não se encontra jamais longe do dia...

Judas estava novamente surpreso pelo comportamento e os propósitos de Yeshoua – é dessa maneira que um general eleva o moral das suas tropas? Lamentando-se a respeito do seu fim próximo? Deixando-se acariciar por uma mulher? Embriagando-se de perfume? Ele saiu rápido para esconder sua repulsa.

Yeshoua não estaria traindo-o ao tomar o partido de Míriam contra ele? Dar razão a uma mulher contra um homem, contra o mais fiel dos seus discípulos, que estava pronto a reunir um exército à sua volta – não era isso alta traição que arriscava comprometer a vinda do Reino de YHWH e de seu Messias? Judas começou a se decepcionar na medida da sua expectativa – essa expectativa infinita que ele projetava sobre Yeshoua, essa esperança de todo um povo. Sua decepção só poderia ser infinita...

Um homem decepcionado é um homem perigoso, um homem que se sente traído pode tornar-se um traidor. Os sentimentos mais contraditórios agitavam o coração e as entranhas de Judas. Pela primeira vez, o ódio e a dúvida se misturaram à sua fé e sua admiração, mas ele recuperou-se rápido: "Yeshoua está nos colocando à prova, ele está se mostrando sob seu aspecto mais fraco, mais humano, para nos forçar a reagir e a fazê-lo reagir para que ele manifeste a divindade, o poder que existe nele. O Messias está afirmando nossa fé e nossa esperança através dessas provações..."

XVIII

Um Messias inesperado

O Messias que esperamos nem sempre é o Messias que chega. Aos olhos de Judas, Yeshoua correspondia cada vez menos à imagem que ele tinha do Messias: seu comportamento com as mulheres, seus propósitos no deserto, suas lágrimas diante de Jerusalém, sua fraqueza diante do adultério e esse último episódio em Betânia o tinham profundamente abalado. Agora lhe voltava ao espírito a questão de Yohanan, o Batista: "é realmente ele que nós aguardávamos?" Não deveríamos esperar um outro? ou talvez não devêssemos aguardar ninguém, talvez devêssemos contar apenas com nossas próprias forças e nossas próprias armas para expulsar o invasor – não devemos nos tornar aquilo que esperamos do outro? Não cabia a Judas tornar-se o Messias que ele aguardava e projetava em Yeshoua?

Mais uma vez, ele afastou esses pensamentos. Ele se lembrava das palavras que Yohanan lhe dissera uma vez: "Jamais vi algo mais belo do que Yeshoua. Nunca vi nada assim tão bom, tão verdadeiro. Nosso coração é feito para amar infinitamente; se não ele, quem mais mereceria ser amado infinitamente? Não conheço nada mais belo do que Yeshoua, nem na terra nem no céu, quem eu poderia amar mais do que a ele? Quem mais do que ele seria digno de fé? Se alguém me provasse que Yeshoua não é a verdade e a justiça, mesmo assim eu escolheria Yeshoua... e deixaria de lado a verdade e a justiça, puras abstrações! Mas Yeshoua é a verdade e a justiça!" E se Yeshoua não fosse a verdade e a justiça? Ele, Judas, certamente as escolheria e repeliria Yeshoua.

Carregando esses pensamentos na mente e no coração, Judas se dirigiu ao salão sobre o Monte Sião onde Yeshoua e os outros o esperavam para celebrar a Páscoa.

Todos estavam à mesa quando, sem dizer uma palavra, Yeshoua levantou-se e, pegando um pedaço de tecido branco, ele cingiu sua cintura com esse pano. Depois ele derramou água numa bacia e começou a lavar os pés de seus discípulos e a secá-los com o tecido que o cingia. Aproximando-se de Simão Pedro, este lhe disse:

- Mestre, você vai me lavar os pés!?

Yeshoua respondeu:

- Você não compreenderá agora o que estou fazendo, mas à medida que os acontecimentos se desenrolarem.

- Não, você jamais me lavará os pés!

- Se eu não lavar seus pés, você não estará com "Eu Sou".

- Mestre, então não apenas os pés, mas também as mãos e a cabeça.

- Aquele que se banhou não tem necessidade de se lavar. Ele está puro por completo, vocês já estão purificados graças à palavra que escutaram, no entanto, nem todos estão puros...

Yeshoua aproximou-se de Judas... ele se calou.

Judas pensava: "Yeshoua enlouqueceu - agora ele está se comportando como Míriam! Só falta ele nos secar os pés com seus cabelos... que ele lamba nossos pés como um cão ou uma prostituta". Ele tinha vontade de gritar como Simão Pedro: "Não, você não me tocará, você não me lavará nem os pés, nem a cabeça... erga-se, recomponha-se, Yeshoua, você é o Mestre, seu lugar não é aos nossos pés, você é nosso Messias... Você deve se colocar de pé como um deus e caminhar diante de nós, somos nós quem devemos beijar as pegadas deixadas pelos seus passos..."

Ao sentir a água correr sobre seus pés, um tremor percorreu todo o corpo de Judas - ele teve vontade de esbofeteá-lo. Era seu sonho que desmoronava, era Yeshoua, seu ídolo, que se despedaçava aos seus pés - como ele poderia confiar em alguém que era menor do que ele, um servidor? Yeshoua não passava de um escravo que tomara hábitos e ares de Mestre para abusar deles, um ignorante que tomara as palavras do Mestre e Senhor. Lázaro tinha razão quando dizia que ele não ensinava nada mais além daquilo que Hillel e Shammaï ensinavam. Yeshoua não passava de um fraco, de um impotente!...

Judas começou a rir. Como ele tinha sido abusado! Traído! O Messias, esse homem ridículo a seus pés? Com esses gestos de mulher apaixonada! Os outros tomaram o riso de Judas como um sinal de bom humor, apenas Yeshoua compreendeu quanta tristeza, quantas lágrimas de desprezo, quanta dor esse riso escondia...

Judas permanecia alheio àquilo que poderia ser o Amor. Deus era Todo-poderoso, Senhor dos Universos. Ele não podia ser Amor, pois, então, Ele seria fraco e impotente diante de todos que a Ele resistem.

Yeshoua era o Messias desse Deus? Um Deus impotente para impotentes?! E aí ele dizia "Não"!

Como Judas poderia compreender a força todo-poderosa do Amor? Ele venerava a força física, a nobreza, a coragem; tudo que envolvia a palavra amor escondia para ele muita covardia e fraqueza...

No entanto, é possível opor a uma força uma outra força, mas o que poderíamos opor ao amor?

Sem dúvida, a recusa, o gosto do nada... mas quem poderia nos garantir que o Amor não seria vencedor? Se a raiva, a cólera e a condenação são a força dos fracos, não seriam a doçura e o perdão a força dos fortes?

Se Deus é Amor, Ele não pode nos olhar do alto, ele se coloca aos nossos pés, não para rastejar diante de nós ou para se deixar esmagar, mas para curar nossos pés feridos ou "inchados" e nos recolocar de pé, a caminho, em marcha... Yeshoua encarna esse Deus, mas Judas não quer saber desse Deus ou, melhor, ele não o conhece ou não quer conhecê-lo. No entanto, ele teria apenas que olhar para o homem que estava diante dele, a seus pés, mas Judas só via seu ideal, a imagem, forjada pelos séculos, de um Messias todo-poderoso. O que é o verdadeiro Yeshoua se comparado a esse ideal sublime, essa imagem grandiosa...?

Após ter lavado os pés de todos os discípulos, Yeshoua voltou à mesa, dizendo:

- Compreendeis o que acabo de fazer? Vós me chamais de Mestre e Senhor e estais certos, pois "Eu Sou"... Se eu lavei seus pés, eu, o Senhor e o Mestre, vós também deveis lavar os pés uns dos outros, pois é um exemplo que eu dei para que também o façais, assim como eu fiz por vós. Em verdade, em verdade, eu vos digo, o servidor não é maior do que seu mestre, nem o enviado maior do que aquele que o enviou. Sabendo disso, "felizes" sois vós, se o fizerem...

- Não! "Infelizes" somos nós!, gritou Judas. Yeshoua está fundando uma religião de escravos. Se nós fizermos o que ele diz, os poderosos continuarão a nos esmagar, os romanos continuarão a nos oprimir... eis que agora ele está pregando o desmerecimento e a submissão - traidor! E nós que o escutávamos, que esperávamos que ele cumprisse a justiça, eis que ele está colaborando com os injustos, pedindo que nós rastejemos sob as suas botas, que nós lavemos seus pés - traidor!

Mais do que nunca Judas se sentia traído pelo seu amigo mais próximo, aquele com quem ele lutara lado a lado, chicote com chicote, contra os vendilhões do templo... e agora ele está baixando as armas... Onde está o leão de Davi? É o mesmo que hoje nos pede para balirmos como ovelhas? Para oferecermos nosso pescoço aos açougueiros como se fôssemos carneiros destinados ao abate? Traidor!

De repente, uma idéia disparatada atravessou o espírito de Judas: "Já que é assim, não temos mais nada a esperar de um covarde, de um mentiroso que abusou de nós, que destruiu todas nossas esperanças, que não corresponde mais a nenhuma das nossas expectativas..." Bastava entregá-lo aos pontífices que queriam matá-lo, lá ele teria aquilo que buscava, seu desmerecimento receberia o castigo propício...

Mas, ao mesmo tempo em que essas idéias passavam pela sua cabeça, ele continuava desesperadamente acreditando nele: Não!

Se os soldados o prenderem, ele vai despertar, ele vai reagir. YHWH, o Todo-poderoso, o ajudará a realizar milagres ainda maiores que aqueles que ele já fez... mais impressionante do que a ressurreição de Lázaro, do que a cura do cego de nascença, mais forte do que a cura do paralítico e de todos os enfermos que ele recolocou em marcha no caminho. Como seria possível que ele, que expulsou tantos demônios, fosse incapaz de expulsar os romanos? E se o matarem, eu tenho certeza, eu acredito que ele é capaz de reanimar a si mesmo, de sair do túmulo. Diante de uma tal manifestação de poder todos acabarão reconhecendo-o como o Messias de Israel, o Filho do "Pai Nosso que estás no céu", pois é dessa maneira que ele chama YHWH, "Aquele que é o Ser que é..."

No próprio instante em que ele era atravessado por esses pensamentos, seus olhos cruzaram o olhar de Yeshoua e foi como se uma espada trespassasse seu coração, um estranho calor o invadiu e, de repente, ele, o homem dos olhos de pedra, tinha os olhos úmidos...

Ele compreendera...

O Mestre estava pedindo-lhe para entregá-lo para, dessa maneira, armar uma armadilha para o invasor: que ele seja crucificado como um escravo, que ele morra, que ele seja enterrado para poder ressuscitar e mostrar a todos seu poder sobre a morte!... Apenas a morte pode morrer... essas foram suas palavras por ocasião da morte de Lázaro. "Eu Sou" existirá por toda a eternidade e estará conosco até o fim do mundo...

Yeshoua continuava observando Judas... tanta doçura e tanta força... Ele abaixou os olhos... tanta amizade e tanta confiança... "Quem sou eu para que ele ouse me pedir isso, para que ele me confie tal missão?" Submeter-se a alguém maior do que ele poderia significar uma grande vitória e Judas sentiu em si essa vitória. Quanta verdade existia na humildade, quanta nobreza no serviço, um serviço que seria desconhecido e incompreensível para todos.

Judas nunca se sentiu tão próximo de Yeshoua. Ele arrependeu-se dos pensamentos amargos que o tinham atravessado, esses pensamentos contra os quais ainda teria que travar o mais duro dos combates, mas no instante em que Yeshoua pousou seu olhar sobre ele, ele compreendeu o que tinha a fazer "para que as Escrituras se cumprissem". Ele teve um gesto de aquiescência e preparou-se para dar um beijo em Yeshoua, mas se conteve. Não! Ele não se assemelharia a Míriam de Magdala! Seu amor pelo mestre, mesmo sendo ainda mais louco do que o dela, não era menos superior e secreto, indigno de todas as manifestações sentimentais e emotivas e, além do mais, os outros não deveriam saber de nada, ou, melhor, "sim", eles deveriam saber...

> Nesse momento, Yeshoua falou:
> Eu conheço todos vós
> conheço aqueles que escolhi
> é preciso que as Escrituras se cumpram:
> "aquele que come do meu pão
> levantou contra mim sua espada".
> Eu vos digo, eu vos digo agora,
> antes que o que tem que acontecer, aconteça
> uma vez que tenha acontecido,
> vós acreditareis que eu sou "Eu Sou".

Yeshoua deu um sorriso na direção de Judas que estremeceu. "Infeliz homem que eu sou, melhor teria valido para mim não ter nascido para não ter que efetuar tal tarefa: entregar a seus inimigos Àquele que eu amo acima de todas as coisas, mas é para que Ele se revele "como ele é", é para que seja cumprida a vontade de Adonai..."

XIX

A Última Ceia

Enquanto eles comiam, Yeshoua tomou do pão, abençoou-o, depois o partiu e deu um pedaço para cada discípulo dizendo:

– Peguem e comam, pois este é o meu corpo.

Depois, tomando um cálice, ele rendeu graças, e oferecendo-o a eles, disse:

– Bebais todos dessa taça, pois este é o meu sangue, o sangue da aliança que será derramado para uma multidão como absolvição dos pecados. Eu vos digo, de agora em diante não beberei mais deste produto do vinhedo até o dia onde eu o beberei convosco novamente no Reino do meu Pai.

Como André estava surpreso por ouvir tais palavras, Felipe sorriu e lhe disse:

– Para os sábios da nossa tradição, o pão ou o corpo simbolizam o ato, a ação. "Peguem e comam, pois este é o meu corpo" quer dizer: façam aquilo que eu faço, ajam como eu agi e vocês serão o que "Eu Sou". O sangue e o vinho simbolizam ao mesmo tempo a vida íntima de um ser e a contemplação. "Tomem e bebam, este é o meu sangue", quer dizer: contemplem aquilo que eu contemplei, compartilhem a minha vida íntima com o Pai e vocês se tornarão aquilo que "Eu Sou". Essa vida íntima também é a vida dada (o sangue derramado) e neste dom nós acharemos a verdadeira aliança com "Aquele que é", aquele que "dá", o ser, nós estaremos então em nosso eixo, na nossa vertical de "filhos de YHWH", não estaremos mais no "pecado", ou seja, ao largo do nosso verdadeiro ser, fora do nosso eixo[11].

Após tê-lo escutado, André respondeu:

- Para nós o Mistério reside no fato de que tudo aquilo que Yeshoua diz permanece oculto e incompreensível; para você o mistério reside no fato de que tudo que Yeshoua diz é simplesmente compreensível... Qual é a interpretação correta? A sua ou a nossa?...

Eles não tiveram tempo para continuar sua conversa. Yeshoua tomara novamente a palavra:

- Eu fui bastante claro: um dentre vós vai me entregar...

Eles tinham ouvido direito, mas eles não compreenderam o que "entregar" queria dizer. Ele não acabara de falar do seu corpo e do seu sangue "entregues" para nós e para a multidão, do dom que ele nos fizera através dos seus atos, da sua palavra e da sua oração?

"Entregar" quer dizer revelar, manifestar, mas, talvez, também quisesse dizer trair. Judas conhecia ambos os significados; traí-lo para que ele se revelasse "tal qual ele é" quando sua hora chegasse... Mas nem todos interpretaram suas palavras dessa maneira e cada um perguntava: "Serei eu?" Simão Pedro fez um sinal para Yohanan que era quem estava sentado mais perto do Mestre e Senhor: "Pergunte a ele de quem ele está falando".

Inclinando-se na direção de Yeshoua, Yohanan perguntou:

- Quem é?

Yeshoua respondeu:

- É aquele a quem eu darei o primeiro bocado da amizade, o primeiro a comungar com o pão que simboliza minha vida que é dada.

Yeshoua pegou um pedaço de pão que ele embebeu no vinho e o deu a Judas Iscariotes, filho de Simão. Judas tremia, mas após ter

---

11. Sentido da palavra *hamartia* em grego.

pegado o pedaço de pão ele se sentiu melhor, mais firme, uma força que o tornava capaz de realizar o impossível entrara nele. Ele pensou em "Shatan", esse outro filho de Deus de quem nos fala o livro de Jó, aquele que fora enviado por YHWH para testar a justiça dos justos e revelar aquilo que existe no coração de cada um.

Yeshoua lhe disse:

- Aquilo que tens a fazer, faça-o rápido.

Nenhum dos presentes compreendeu por que ele dissera essas palavras. Como era Judas quem cuidava da bolsa de dinheiro, alguns pensaram que Yeshoua lhe pedira para comprar o necessário para a festa ou, ainda, que ele desse alguma coisa aos pobres...

Carregando consigo esse pedaço de luz, Judas saiu do salão. A noite já tinha caído...

Yeshoua lhes disse:

- Agora o Filho do Homem vai revelar sua glória, YHWH estará presente nele. Ele será glorificado e se manifestará através dele...

Juntos eles entoaram alguns salmos... depois eles partiram para o Monte das Oliveiras.

Yeshoua acrescentou:

- Vocês todos sucumbirão por minha causa, ainda essa noite. De fato, está escrito que "eu baterei no pastor e as ovelhas do rebanho serão dispersas. Mas após minha ressurreição eu os precederei em direção à Galiléia.

Tomando a palavra, Simão Pedro afirmou mais uma vez:

- Mesmo que todos sucumbam e o traiam, eu não o trairei jamais.

Yeshoua respondeu:

- Nessa mesma noite, antes do galo cantar, terás me renegado três vezes.

Simão Pedro levantou a voz:

- Mesmo que eu morra contigo, eu não o negarei jamais, e todos os discípulos o apoiaram e afirmaram a mesma coisa.

Enquanto isso, Judas se dirigia aos pontífices para revelar-lhes o lugar onde Yeshoua poderia ser encontrado de madrugada... Eles que façam o que quiserem! As coisas não tinham saído como ele pensara, sonhara, esperara, mas ele tinha certeza de que o incompreensível desígnio de YHWH estava a caminho.

Os pontífices lhe deram trinta peças de prata para agradecê-lo pela informação. Trinta denários era pouco se comparado ao preço do perfume derramado por Míriam sobre os pés do Mestre e Senhor, trinta denários era o preço de um escravo! Mais uma vez Judas pensou que com esse dinheiro ele poderia comprar armas, mas ele se lembrou que Yeshoua recusava a luta armada, era através da sua força interior e da sua magia que ele faria recuar os soldados romanos...

Ele se conteve para não dizer aos pontífices: "Guardem seus trinta denários, vocês acham que podem 'comprar' o Messias e vocês acham que um pouco de dinheiro poderia consolar-me por tal crime, eu, que estou entregando-o.

Apenas a vitória poderá me consolar..."

XX
Prisão

Judas deveria ir até o fim da sua missão e isso era o mais difícil para ele: denunciar Yeshoua aos sumos sacerdotes ainda era possível, pois ele os desprezava, mas entregá-lo aos romanos, não! Isso era impossível. Yeshoua estava pedindo-lhe muito, ele estava pedindo-lhe para renunciar àquilo que fora o sentido da sua vida: odiar os romanos, expulsá-los da terra sagrada, libertar os pobres e os inocentes que padeciam toda espécie de violência e injustiças sob seu jugo! Por amor ao Messias ele deveria compactuar com o inimigo. Como sua fé teria que ser grande!, como ele teria que ter confiança na tática inspirada por YHWH para derrubá-los! "Ajude-me, Adonai; ajude-me, Yeshoua, não me abandone", murmurava ele rumando em direção a uma coorte de centuriões e de homens armados pagos pelos chefes dos pontífices.

Eles chegaram até a outra margem da torrente do Cedron, lá onde havia um jardim. Yeshoua ia muitas vezes para lá com seus discípulos. Judas tinha prevenido os soldados: "Aquele que eu beijar, é ele, prendam-no", mas no seu íntimo ele pensava: "Tentem prendê-lo, vocês vão ver o que vai acontecer..." e Judas imaginava que sairia um fogo de Yeshoua que os queimaria...

Ele aproximou-se confiante de Yeshoua para lhe dar o beijo que o discípulo dá ao mestre. "Alegra-te, rabi", falou ele e o beijou. Yeshoua lhe disse: "Meu amigo..."

Como se tivessem acabado de acordar de um pesadelo, os discípulos ficaram surpresos ao verem Yeshoua e Judas cercados de homens armados. "Esses são sem dúvida nossos amigos zelotes", mas, quando eles reconheceram a armadura dos centuriões romanos, ficaram apavorados. Yeshoua, avançando em direção à coorte, disse:

- Quem estão procurando?

- Yeshoua, o Nazareno.

- Eu Sou.

Quando ele disse "Eu Sou", os soldados tiveram um movimento de recuo e caíram para trás...

Judas estava exultante...

Enfim, chegara o grande momento!... Até mesmo os romanos reconheciam o Nome divino, eles foram derrubados pelo seu poder e isso é apenas o início!

A alegria de Judas durou pouco...

Novamente Yeshoua lhes perguntou:

- Quem estão procurando?

- Yeshoua, o Nazareno.

- Eu já disse: Eu Sou. Se é a "mim" que procuram, deixem os outros partirem.

Nesse momento, Simão Pedro desembainhou a adaga que ele carregava consigo e com ela acertou o servo do sumo sacerdote, arrancando-lhe a orelha direita. Esse servo chamava-se Malco.

Mas Yeshoua disse a Simão Pedro:

- Não utilize sua espada, aquele que se servir da espada, perecerá pela espada...

Ele observava Judas que teve, então, um movimento de recuo...

- Se eu quisesse, acrescentou Yeshoua, eu poderia opor uma coorte de anjos à sua coorte de homens, mas então eu não beberia do cálice que me foi dado pelo Pai... e ele próprio entregou-se ao chefe da legião.

Judas estava estupefato! Ele não teria, então, nenhum outro ato de resistência senão o santo Nome pronunciado uma única vez!... Ao recusar a espada de Pedro, ele também estava recusando o punhal do sicário. Judas se sentiu humilhado e traído mais uma vez.

Aonde ele quer chegar?

Ele fora assaltado pela dúvida. E se Yeshoua não passasse de um homem que suava de angústia, um homem que tinha medo? Por que dizer não à espada? "O livro e a espada": não era essa a divisa dos verdadeiros crentes? Será que ele não sabia que o livro sem a espada não tem nenhum poder, assim como é cega a espada sem o livro? Nossos textos santos não foram escritos para esclarecer nossa espada e dirigi-la contra os maus? Matar os infiéis nunca foi um assassinato, era antes um ato de purificação... Será que devemos acusar o médico por nos ajudar a exterminar o verme? O crime não seria deixar perecer o justo? Yeshoua pediu que Simão Pedro voltasse a embainhar sua espada e se entregou aos vermes!

– Foi ele quem o entregou!, começou a gritar Simão Pedro.

– Fui eu quem o entregou!

Judas caiu das nuvens! Ele obedecera a seu Mestre, por amor ele esmagara suas mais íntimas convicções e sua honra e agora o acusavam de traição! Era culpa sua se Yeshoua não se comportava como o Messias que ele prometera ser? Como um homem poderoso que estávamos esperando?... mas que, pelo contrário, comportava-se como um derrotado antes mesmo do início da batalha!

– Pedro, não fui eu quem pediu para você guardar sua espada... Meu punhal estava pronto para defendê-lo junto com você. Nossos amigos armados que se encontram no bosque aguardavam apenas um sinal de minha parte para que a insurreição começasse. Você não percebe que foi ele próprio quem se entregou aos seus carrascos...?!

– Rápido, Judas, disseram Yohanan, Felipe, Jacó e Simão Pedro. Chame seus homens! Vamos libertá-lo!

– Libertar um covarde?, respondeu Judas. Vocês o viram, assim como eu. Não podemos ir contra sua vontade, nós nos enganamos, esse homem não quer a vida ou a liberdade do seu povo. Ele é habitado por uma mórbida sede de sofrimento. Ele busca a morte... e agora está caminhando na direção daquilo que procurava. Eu não quero e não posso fazer mais nada por ele...

– Judas, disse Míriam, é agora que você o está traindo! Agora você não acredita mais nele...

Judas não conseguiu reprimir um gesto de violência e Míriam caiu por terra.

Judas também sentia que seu mundo tinha desmoronado, apesar de ele estar de pé e espumando de raiva. Pouco a pouco ele foi tomando consciência do que acabara de fazer. Era como se ele saísse de um sonho, um sonho que durara vários anos...

Ele sonhara com um Messias, com um homem providencial que deveria vir para resolver os problemas de Israel e, através de Israel, da humanidade. Ele tinha projetado seu sonho sobre Yeshoua... Tendo desaparecido seu sonho, restava apenas Yeshoua – pobre homem – tão covarde e impotente quanto os outros e que sequer utiliza o punhal da sua palavra, ou o sílex do seu olhar para se defender. Yeshoua é um cão mudo, mais cego do que os cegos que ele se divertia curando com seus números de mágica para nos distrair e nos desviar do essencial...

– Você tem razão, Míriam: eu não acredito mais nele. Será que algum dia eu acreditei? Será que eu não sonhei o tempo todo? Eu acreditei ou sonhei de toda minha alma com a justiça de Deus, com a lei que nos guarda na dignidade, integridade e nobreza de um povo eleito. Sim, eu acreditei ou sonhei de toda minha alma com a Palavra que nos diz que ela se lembra dos pobres e nos promete um Messias salvador... se agora eu não consigo mais acreditar no Messias, no meu rei, no "filho de Davi", será que eu também duvidarei da lei, da Torah... e de YHWH, o Deus dos deuses, o Criador do céu e da terra?

Judas desmoronou: ele não acreditava em mais nada, ele começou a rastejar pelo chão, a arrancar tufos de grama e a comer terra, “não existe outra realidade além dessa: a terra... tudo é pó e ao pó retornará, de que serve permanecer de pé? A serpente está certa, é ela quem mais se aproxima da verdade, através de toda sua pele, de todas suas escamas, ela saboreia essa terra, a única realidade! Nós sonhamos que tínhamos uma alma, mas nossa alma não passa de um sonho de terra, o broto de uma flor efêmera que é arrastado pela torrente de lama”...

Os discípulos estavam aterrorizados:

– Você está delirando, Judas.

– Vocês vão ver se eu estou delirando... Sigam-no, “seu” mestre, vocês vão ver: ele é capaz de se deixar crucificar como um malfeitor... Por que você abusou de nós, Yeshoua? Será que os fariseus tinham razão quando disseram que você era habitado por um demônio? Um demônio mais “esperto”, menos triste do que aquele que está me assombrando agora e que está me atirando em direção aos abismos da dúvida e da blasfêmia... mas cada um tem o demônio que merece, a provação que ele precisa suportar para melhor se conhecer...

Judas se levantou e saiu correndo em direção ao templo. Lá chegando, ele atirou ao chão as trinta peças de prata que lhe tinham sido entregues pelos sumos sacerdotes e gritou:

– Eu entreguei a vocês um homem inocente, ele não é o Messias que vocês temiam nem aquele que eu esperava, ele é um pobre inocente! Ele nos enganou com seus grandes olhos charmosos e suas palavras melosas... Deixem que ele vá embora, ele não lhes fará nenhum mal, nem a vocês, nem aos romanos, ele só serve para seduzir algumas mulheres perdidas, mas logo não haverá mais nenhum homem, mulher ou mesmo criança para segui-lo...

Os sumos sacerdotes deram pouca atenção às suas palavras e, pegando as peças de prata, disseram:

– Não é permitido depositar esse dinheiro no tesouro, pois é o preço do sangue. Após terem se reunido em conselho, eles compraram com essa soma o campo do oleiro para a sepultura dos estrangeiros.

– O que está feito, está feito. Deixemos agora que os homens da lei cumpram seu ofício...

– Qual lei?, murmurou Judas afastando-se. Não existe lei, não existe Deus, existe apenas a lei dos mais fortes... Hoje essa é a lei dos romanos, amanhã será a lei de alguém mais forte do que os romanos...

Sem lei, sem Deus, tudo é permitido! E, para os mais fortes, tudo é lucro. Mais uma vez Judas inclinou-se sobre o chão e, tendo pegado um punhado de lama, a misturou aos seus cabelos.

– Santa poeira, ajude-me a não ter pensamentos mais elevados do que minha cabeça, a não mais sonhar com a justiça, cure-me dessas crenças abjetas e imbecis que fazem com que nos voltemos a um céu vazio onde apenas os urubus, as nuvens e todos os tipos de moscas que nos envenenam o sangue fazem o seu ninho... e o sol, pobre sol, cada dia um pouco mais apagado pela noite...

Cambaleante, ele saiu de Jerusalém.

XXI

O pretório

Judas jazia estendido no chão, não muito longe do campo do oleiro, que mais tarde será chamado de *Hacéldama*, "a terra do sangue". Jacó o sacudiu para que ele acordasse. Judas levantou-se e logo expressou sua raiva:

– Mesmo durante a noite ele não me deixa. Qual erva será preciso tomar para não sonhar mais? Eu vi Yeshoua, disse ele a Jacó, resplandecente de luz, cercado por Moshé e Elyaou...

– Mas foi exatamente isso que vimos sobre o Monte Tabor!, exclamou Jacó.

– Sim, essa é a prova de que vocês também sonharam! Mas agora vocês compreenderam: aquele que fez vocês sonharem, que fez vocês acreditarem que cumpriria a lei e os profetas, é um impostor.

– Mesmo se ele fosse um impostor, ninguém nos amou como esse homem nos amou, respondeu Jacó. Hoje de manhã, Simão Pedro, que seguira Yeshoua até a casa de Caifás, foi surpreendido em flagrante delito de traição. Ele estava perto da porta do sumo sacerdote quando uma criada que guarda a porta lhe disse: "Você não é um dos discípulos daquele homem?" Ele respondeu: "Não, eu não sou". Os servos e os guardas estavam sentados ao redor de uma fogueira para se aquecerem. Eles lhe disseram: "Não és tu também um dos seus discípulos? O teu sotaque o denuncia!" Simão Pedro gritou novamente: "Não, eu não conheço esse homem". Um dos servos do sumo sacerdote, um parente daquele que Simão Pedro arrancara fora a orelha, disse: "Eu já não o vi no jardim com ele?" Nesse instante, Pedro levantou-se e jurou: "Não, eu não sou seu discípulo. Não conheço esse homem". E foi aí que o galo cantou. Simão Pedro lembrou-se das palavras pronunciadas pelo Mestre e Senhor: "Antes que o galo cante, terás me negado três vezes", e ele começou a chorar amargamente.

– Viu só?, respondeu Judas, tudo estava previsto, não passamos de marionetes. Ele nos coloca em situações onde não podemos fazer outra coisa a não ser negá-lo. Mas foi ele quem nos abandonou, é ele o traidor, o manipulador...

– O que não estava previsto, acrescentou Jacó, é que Yeshoua iria sair da casa do sumo sacerdote e que ele encontraria Simão Pedro perto da porta... Judas, eu juro que não havia sequer um grama de reprovação ou de julgamento no seu olhar... ou talvez seja este o dia do julgamento: nós seremos julgados por um olhar de criança? A criança que torturamos, abandonamos, desprezamos ou traímos? Pedro chorou novamente, mas suas lágrimas não eram mais amargas; às vezes a falta é previsível, mas não o perdão.

– Apenas YHWH pode perdoar!, respondeu Judas.

– Justamente. Se Yeshoua é capaz de perdoar Simão Pedro é porque YHWH está com ele. Yeshoua quer dar testemunho de uma força Todo-poderosa, a força Todo-poderosa da misericórdia e do perdão, a força Todo-poderosa do Amor...

– Cale a boca! respondeu Judas. Essa força Todo-poderosa não pode fazer nada contra minha recusa, digo não ao Amor e nada nem ninguém pode me forçar a acreditar e a amar; então, onde está o seu Todo-poderoso? Continua de joelhos diante de um homem? Você não percebe o jogo de Yeshoua, ele nos fecha na falta para poder nos perdoar em seguida, não é isso que chamamos de perversidade? Ele nos enfraquece para, em seguida, nos mostrar como ele é forte, mais forte do que nós, forte no perdão, grandioso no amor. Não, para mim chega. Ele abusou de nós com seu amor, não consigo mais acreditar nisso e se ele viesse até aqui com seus olhos lamuriantes e seu coração na mão para me falar da sua misericórdia, eu cuspiria na sua cara. Eu não quero ser perdoado, Jacó! Perdoado de quê? De ter acreditado nele? De ter acreditado em YHWH? Como você quer que ele me perdoe? Eu próprio não consigo me perdoar! Não consigo me perdoar por ter tido essa fé imbecil, essa submissão a um impotente e a um Deus que não existe. Como eu poderia me perdoar por ter achado que os meus mais puros sonhos eram realidade! Nunca existiu nada além de mim mesmo; eu, a terra e o chão que não cessa de morrer. O que posso fazer para esquecer, para esquecer meu sonho, para me esquecer... senão me enforcar?

– Mas isso é proibido pela lei de nosso Deus, disse Jacó.

– Fomos nós quem sonhamos essa lei! E agora que eu não estou mais sonhando, quem poderia me impedir de matar, de me matar?

– Não se esqueça que Yeshoua o amou, que ele o escolheu e que, para ele, você é único.

– Sim, eu também sonhei isso, assim como todo o resto e é exatamente isso que eu quero esquecer. Apenas a morte pode me fazer esquecer, pois apenas ela pode me impedir de sonhar, já que a morte é apenas a morte do sonho...

– Judas, não é apenas Yeshoua que o amou, YHWH também o amou, já que foi Ele quem o criou.

– Sim, da mesma maneira como ele criou as serpentes, os urubus e todos os animais que devoram antes deles próprios serem devorados.

– Judas, é preciso acreditar em YHWH, Aquele que é, Aquele que o faz ser e que faz ser o universo, dizia Jacó em tom de súplica. Esse Deus é Amor, Yeshoua nos falou disso e ele está provando isso na sua carne, através da sua paciência...

– Deus é Amor – eu gostaria de ver isso!, disse Judas zombando.

– Venha e veja, respondeu Jacó e ele o levou ao pretório onde eles avistaram Yeshoua em pé diante de Pilatos.

Era pela manhã, os judeus ainda não tinham entrado no pretório para não se contaminar e poder comer o cordeiro pascal. Pilatos saiu, portanto, para lhes falar:

– Qual acusação pesa sobre esse homem?

– Se ele não fosse um malfeitor, nós não o teríamos entregado nas tuas mãos.

– Peguem-no e julguem-no de acordo com sua lei.

– Não nos é permitido condenar alguém à morte.

Então Pilatos entrou novamente no pretório e, chamando Yeshoua, lhe disse:

– És o rei dos judeus?

– Dizes isso de ti mesmo ou foram outros que te disseram isso de mim?

– Acaso sou eu judeu? Teu povo e os pontífices são os que te entregaram nas minhas mãos. Que fizeste tu?

– Meu reino não é deste mundo. Se meu reino fosse deste mundo, meus guardas teriam combatido para que eu não fosse entregue aos judeus. Mas meu reino não é daqui... Ele olhou ao longe em direção à multidão como se o seu olhar procurasse Judas.

"Como ele ousa, o miserável! Não apenas ele nos abandona, mas agora ele também está nos negando diante do inimigo... ele fingiu estar entre nós, ele não era um dos nossos. E você chama isso de amor, Jacó!" Jacó nada respondeu, ele escutava Yeshoua:

– Meu Reino não é deste mundo.

– Logo, tu és rei?

– Tu o dizes: "Eu Sou Rei". Nasci e vim ao mundo para dar testemunho da Verdade, qualquer que seja a Verdade; ouve a minha voz.

– O que é a Verdade?... (Jo 18,38).

Judas estava furioso:

– Vê, disse Judas, ele não responde, ele se cala – o nosso rei! Ele não sabe o que é a Verdade ou ele sabe que ela não existe. O grande falador fica mudo quando lhe são colocadas boas questões. Que resposta ele pode dar sobre a questão da Verdade, já que só a mentira o habita?

– Observe-o, disse Jacó. Olhe como ele encara a multidão, como ele encara Pilatos. É ele o condenado e, no entanto, ele se comporta como um rei, ele não tem mais nada a dizer, ele é o que é. Ele não tem nenhuma verdade a dizer, ele é a Verdade... Felizmente ele não diz o que é a verdade! Poderíamos nos apropriar de suas palavras e poderíamos, então, "ter" a verdade e desprezar aqueles que não a "possuem". Yeshoua não nos dá uma verdade que podemos possuir, ele é o exemplo de uma verdade que devemos ser, mesmo em face da adversidade, da injustiça e da arrogância dos poderosos... Yeshoua não nos dá algo que poderíamos transformar em um ter, um saber ou um poder. Ele nos concede o dom de cada vez mais sermos "Eu Sou", de crescermos em consciência e em amor... Yeshoua não é uma verdade que temos, mas uma verdade que somos. O Reino do qual nos fala Yeshoua é o mundo daqueles que são a verdade, daqueles que são verdadeiros...

As palavras de Jacó fizeram Judas pensar nas palavras de Yeshoua no deserto... Judas não mudara de opinião: esse tipo de discurso não faz sentido ou só faz sentido para os cérebros vazios que têm a barriga cheia, mas para todos aqueles que refletem e que têm fome e sede não apenas de pão, mas também de justiça, esse discurso é inconsistente...

– Olhe para ele, Judas. "Ele" está de pé...!

– Você logo o verá deitado, em forma de cruz. Seu homem de pé vai parar no túmulo e ele não se levantará.

– O que você entende disso?, replicou Jacó. Outro dia você mesmo estava dizendo o contrário...

– Não quero saber de mais nada, disse Judas com lassidão.

Enquanto isso, Pilatos tinha se aproximado da multidão e dissera: "Não vejo neste homem nenhum motivo de condenação, mas é um costume seu que eu liberte um prisioneiro durante a Páscoa. Vocês querem que eu liberte o Rei dos judeus?"

Todos vociferaram: "Não ele, mas Barrabás!"

Tanto Judas quanto Jacó não pronunciaram sequer uma palavra... Ao invés de vociferar junto com os outros, Judas tinha vontade de vomitar - ele reconhecera na multidão aqueles que há alguns dias tinham aclamado Yeshoua... "Eu não passo de um fio na rede dessa multidão imbecil que num dia grita "viva o rei" e no dia seguinte grita "morte ao rei"!

Ele conhecia bem Barrabás, um verdadeiro patife, que jamais fizera parte dos zelotes, ele não matava pela "causa", mas para seu próprio ganho. No entanto, na opinião de Judas, a multidão fizera a escolha correta: os patifes são menos perigosos do que os mentirosos que nos fazem sonhar; pelo menos eles não nos enganam, sabemos qual violência podemos esperar deles e com qual violência é necessário responder.

Pilatos ordenou, então, que Yeshoua fosse flagelado. Os soldados teceram uma coroa de espinhos, a pousaram sobre sua cabeça e o vestiram com um manto púrpura. Avançando na sua direção, disseram: "Salve, rei dos judeus", e bateram nele diversas vezes.

Judas observou a estranha serenidade de Yeshoua sob os golpes. De repente ele se lembrou das crianças condenadas pelo Rei Herodes porque um assim-chamado Messias acabara de nascer em Belém. Ele viu os soldados arrancando esses inocentes do seio de suas mães, jogando-os contra os muros e deixando-os cair esmagados em seu próprio sangue.

Todos esses horrores, o massacre das crianças inocentes mortas no próprio momento do seu nascimento, era isso que Yeshoua queria exorcizar ou expiar? Ele não descobrira nenhuma outra maneira para achar a paz e a salvação além de se fazer culpado de tudo e por todos?

Ao invés de fugir ou de negar a culpa como fazem todos os sábios, ele a assumia, ele a penetrava... talvez ele ache que aquilo que não é assumido não é salvo!... Será que ele se sente culpado pelos cataclismos, pelos terremotos, pela fome, pelas guerras, todas essas injustiças naturais para as quais os homens não encontram nenhuma explicação...? Sentir-se "responsável" é melhor do que dar explicações? Não seria isso querer fazer-se passar por Deus, "o Ser que é o que Ele é", o Ser que faz ser tudo aquilo que é...?

“Não!, repetiu Judas para si mesmo. Não, eu não sou culpado, não sou culpado pelos meus pais, pela família dos Herodes à qual eu pertenço, eu não sou culpado pela morte dos inocentes. Não quero me sentir culpado para estar em paz. Não quero me salvar através do sofrimento... mas, então, o que eu posso fazer para estar em paz – fugir? Todos sabem que, mesmo que habitemos o mais belo dos paraísos, podemos ser assombrados por todo tipo de pesadelos infernais... não é possível escapar dos tormentos de uma má consciência...

Como é possível ter uma boa consciência enquanto fizermos parte deste mundo onde reinam a violência e o crime? Seria preciso se matar, se matar para não mais ser culpado, para não mais sofrer, mas não seria este um outro crime? E a lei nos proíbe essa covardia, ela nos condena à culpa...

Yeshoua saberia melhor do que eu? Assumir a culpa do mundo para não mais se sentir culpado por ter nascido, assumir para poder suplantá-la? Mas eu não vejo nada que suplante os gritos de um inocente castigado por golpes que se unem aos gritos dos inocentes jogados contra os muros; gritos, nada mais, sob um céu que não responde.

XXII

"Eis o homem"

Após ter flagelado Yeshoua, Pilatos saiu e disse à multidão:

- Eis que o trago aqui para fora, para que saibam que não encontro nele crime algum.

Saiu, pois, Yeshoua trazendo a coroa de espinhos e o manto de púrpura. E Pilatos disse-lhes:

- Eis aqui o homem (Jo 19,5).

Quando os sacerdotes e os pontífices o viram, eles gritaram dizendo:

- Crucifiquem-no! Crucifiquem-no!

Disse-lhes Pilatos:

- Crucifiquem-no vocês mesmos porque eu não encontro nele crime algum.

Eles replicaram:

- Nós temos uma lei e, segundo a lei, ele deve morrer, porque se fez Filho de Deus.

Pilatos, tendo ouvido estas palavras, temeu ainda mais. Ele entrou novamente no Pretório e disse a Yeshoua:

- De onde você vem?

Yeshoua nada respondeu...

"Por que ele está bancando o misterioso?", perguntou-se Judas. "Nós sabemos de onde ele é, de onde ele vem: de Nazaré na Galiléia. Nós conhecemos seu pai, sua mãe, seus irmãos, suas irmãs... um filho de um carpinteiro e não um filho de YHWH!

Pilatos continuou:

– Por que você não responde? Não sabe que eu tenho poder para crucificá-lo e também para soltá-lo?

Yeshoua respondeu:

– Não terias poder algum sobre mim, se este poder não lhe tivesse sido dado do alto (Jo 19,5ss).

– Não é possível, murmurou Judas, mesmo assim ele continua enfrentando Pilatos, mas sempre com palavras! Por que ele não utiliza esse poder que ele acredita possuir!... No entanto, ele conhece a lei: "olho por olho, dente por dente". Se ele for realmente um homem de poder, um homem de Deus, quantas chicotadas ele deveria dar nos soldados, quantas guarnições de homens, mulheres e crianças ele deveria destruir para que a conta seja justa e a justiça seja feita...

– É exatamente isso que ele não quer fazer, interveio Jacó, responder com violência à violência e entrar na sua engrenagem sem fim... Ele está fazendo aquilo que ele nos ensinou, "dar a outra face", ele é maior do que a sua cólera, maior que suas reações naturais e justas, ele se dirige à consciência de seus inimigos...

– Jacó, você está sonhando mais uma vez! Desde quando os romanos têm uma consciência? Os inimigos de Israel jamais tiveram consciência. Dar a outra face é convidar o inimigo a nos massacrar ainda mais.

– Não é essa a escolha mais elevada: preferir sofrer a fazer sofrer? Observe Pilatos, ele parece ter sido tocado pela presença de Yeshoua.

– Escute e observe o que vai acontecer em seguida, respondeu Judas.

Pilatos tentou libertá-lo, mas os judeus vociferaram dizendo:

- Se você o soltar, você não é amigo de César, quem quer que se denomine rei se opõe a César.

Tendo ouvido essas palavras, Pilatos conduziu Yeshoua para dentro do tribunal, para um lugar chamado *Gabhatha*.

Era a preparação para a Páscoa, por volta da sexta hora. Pilatos disse à multidão:

- Eis o seu rei!

E eles vociferaram:

- À morte! À morte! Crucifiquem-no!

Pilatos disse:

- Devo crucificar seu rei?

Os pontífices responderam:

- Não temos outro rei além de César.

E então Pilatos entregou Yeshoua para que ele fosse crucificado...

- Esse é o fim, disse Judas. "Eis o homem" - um belo ideal, uma paixão inútil! Um sonho vão. Você diz que ele amou? Ele acreditou nos amar, a você, a mim, a Míriam, a Pedro, a Yohanan... os paralíticos, os Zaqueus e outros colaboradores, os possuídos... Sim, ele amou todo mundo - isso serviu para quê? Para chegarmos a isso?

- Não é o próprio Amor a recompensa?, disse Jacó.

- Nossa única recompensa é a morte; tanto para os justos como para os injustos, nosso fim é o buraco! Ao invés de se defender, de fugir ou de levar uma vida normal incógnito, Yeshoua preferiu ultrapassar as medidas, a grandiloqüência... e, orgulho supremo: para permanecer fiel a seus princípios, ele vai se deixar crucificar...

- Sua vida ninguém a toma, é Ele quem a dá, disse Jacó.

- Sim, a morte toma tudo aquilo que lhe damos e tudo que não lhe damos!... Morte padecida ou morte escolhida, qual diferença?, continuará sendo sempre a morte...

Judas estava cansado, cansado de falar sem parar, de estar sempre dando explicações. Quando ele viu Yeshoua ser conduzido como um criminoso para o Gólgota para lá ser crucificado, seu coração ficou pesado. Talvez fosse a primeira vez na sua vida ou a primeira vez desde seu primeiro encontro com Yeshoua que ele sentiu ter um coração... que ele não era apenas uma cabeça e entranhas que ruminam e não conseguem digerir todos esses absurdos que a vida nos quer fazer engolir... Ele sentiu que possuía um coração e que se ele o aceitasse, viriam também uma dor grande demais, uma tristeza ou uma ferida sem cura.

"Aquele que está doente de uma doença chamada Yeshoua não se curará jamais ou não morrerá jamais." Ele não sabia, mas ele não queria se deixar contaminar por essa doença, ele se endureceu interiormente e no mesmo instante ele reencontrou "toda sua mente" e sua lucidez, impiedosa e desesperada...

– Deixe-me, Jacó. Eu quero ficar sozinho, eu não o seguirei até a cruz, eu já vi tantos crucificados! Companheiros zelotes, homens de justiça e de fé... Para os romanos isso não passa de rotina, o óleo de nosso sangue faz rodar a grande engrenagem do império, mais um pouco de sangue inocente! Será que a nossa terra já não bebeu o suficiente?! Renunciei ao céu e agora é a terra que me falta sob os meus pés, ela não passa de areia movediça, lama infame sedenta de sangue, de carne e de ossos... Nossa mãe come e tritura seus filhos; ela nos colocou no mundo apenas para se alimentar das nossas substâncias loucas e cansadas... Eu quero morrer, Jacó, assim como "Ele" que, sem dúvida, quer morrer... terminar com esta farsa sangrenta. Eu nasci no mesmo dia que ele, um dia onde os inocentes foram massacrados. Eu morrerei no mesmo dia que ele, um dia onde os inocentes continuam a ser massacrados... e assim será até o fim dos tempos...

XXIII

Morte

É verdade, Judas já tinha visto demais, cruzes demais... na entrada das cidades ou margeando o caminho que leva de Jerusalém a Jericó...

A morte era para ele a única certeza que ele não temia. Por que temer uma evidência? Aquilo que vai acontecer, acontecerá; desde que nascemos já somos suficientemente velhos para morrer. A morte e a vida não estão separadas, elas são a mesma ilusão.

O homem nasce sem razão, vive sem razão, morre sem razão e não há outra vida... tais foram as conclusões às quais justamente a razão o conduzira. Mas havia algo nele que não estava satisfeito. Talvez houvesse algo mais do que a razão... o coração? Seria o coração essa queimadura que ele sentira no momento em que vira Yeshoua afastar-se em direção à cruz?

As conclusões da sua razão não mais o atormentavam. "Assim é" e é o suficiente! Nesse momento seu tormento eram as interrogações que revolviam seu coração e suas entranhas. "O inferno existe porque Deus é Amor, pensou ele. É pelo fato do homem ter um coração que eu posso viver no inferno... é o amor que devemos negar, é o coração que devemos arrancar se não quisermos mais sofrer, mas não mais sofrer desse sofrimento seria pior do que o próprio sofrimento..."

Ele pensou em seu amigo Jó, o primeiro texto santo que o tocara em sua infância e, mais tarde, durante seus estudos. Jó que perde todos seus bens, suas casas, seus rebanhos devastados pela tempestade, depois seus filhos, sua saúde, seus amigos... e que se encontra na imundice, sozinho, sozinho com um Deus que ele inventara para não estar só...

Um Deus que ele imaginava justo e bom e para quem ele reclama justiça, em vão, e é a vez do Deus Justo e Bom desaparecer. Dessa vez, nada resta. Ele está sozinho e ele é demais. Mas Jó não tem coragem de se suprimir... ele, Judas, teria essa coragem...

"De nada vale insultar Deus se não tivermos coragem de eliminar a obra-prima da sua Criação, a obra-prima do horror, da hipocrisia e da violência: o homem que dizemos ser feito 'à sua imagem e semelhança'."

Jó tudo perdeu, aquilo que ele tinha de mais precioso e que ele valorizava acima de tudo: seu bom Deus que dava sentido ao seu rigor, à sua generosidade, à sua justiça, à sua bondade... Sem esse bom Deus, do que serve continuar de pé?"

Judas mais uma vez começou a rastejar sobre a terra como se fosse uma serpente...

"Jó, meu amigo Jó, porque você não se matou, todos teriam compreendido, seu túmulo figuraria entre os túmulos dos justos e no seu epitáfio estaria escrito: 'Eis um homem traído por Deus – o homem cujo corpo inteiro era uma chaga, o homem que foi entregue, abandonado na imundice...' Mas talvez os autores do livro tenham mentido, talvez você tenha se matado... Eles nos esconderam isso, eles inventaram um fim ridículo para sua história, com um Deus fantástico, acompanhado por Leviatã e Beemoth e todos os tipos de miragens designadas a impor silêncio às criaturas que ousarem discutir com Ele... E então os autores do livro fizeram você dizer: 'Eu já te ouvi com os meus ouvidos, mas agora os meus próprios olhos te vêem' (Jó 42,5). Se os seus olhos o viram, Jó, é porque você estava morto... então, por que dizer mais alguma coisa? Você está morto e você reencontrou suas riquezas, seus rebanhos, seus amigos, sua mulher, seus filhos e suas filhas e você chama cada um pelo seu nome. Talvez seja preciso estar morto para acharmos tudo aquilo que perdemos; como um milagre, não como algo devido, mas como um dom... é isso que o Mestre e Senhor queria dizer com suas palavras de duplo sentido: 'é preciso morrer para ressuscitar, morrer para si mesmo e nascer novamente...' Mas o que isso quer dizer? Eu sou como você, Jó, eu falo demais, eu estou delirando, mas talvez haja mais sabedoria no meu delírio do que nas palavras sábias, justas e cortantes com as quais eu achava que estava ensinando aos outros a verdade e a justiça. Quando você viu Deus, Jó? Antes de morrer, no momento de morrer ou depois da morte? 'Após a morte não existem mais questões - talvez isso seja o verdadeiro Deus...? Então, é melhor que eu pare de me fazer perguntas!', disse ele empilhando as pedrinhas que tirara da terra... 'Agora os meus próprios olhos te vêem. Por isso acuso-me a mim mesmo e faço penitência no pó e na cinza' (Jó 42,6), dizia você, Jó. Eu continuo sem ver nada... nem o céu nem a terra. Eu não consigo mais sequer me ver... o que seus olhos viram? O que meus olhos viram...?"

De repente, todo seu corpo estremeceu, ele cobriu seu rosto com seu manto como se quisesse velar seu semblante.

"Meus olhos viram você, Yeshoua!, e para deixar de vê-lo seria preciso que eu arrancasse meus olhos... mas é tarde demais, não posso mais fingir que não o vi... Ninguém jamais viu YHWH, mas eu vi você... e apesar de você ter me traído, eu jamais vi algo mais belo ou melhor, mesmo que tenha sido apenas um sonho. Minha vida só teve sentido porque neste sonho você me olhou..."

E então um longo grito rouco subiu das entranhas de Judas.

> *Eli Eli lema sabachtani*
> Yeshoua, por que você me abandonou?
> YHWH, por que você me abandonou?

Dessa vez Judas chorava, todo seu corpo era feito d'água e seu sangue misturava-se a terra... e juntos eles formaram uma única lama, ocre e vermelha. O livro nos diz que YHWH utilizou essa argila espessa (*adamah*) para dela tirar o humano...

XXIV

Ressurreição

No momento em que Judas gritou, a terra tremeu e o céu cobriu-se de nuvens, uma enorme tempestade estava prestes a desabar.

Quanto tempo ele ficara nessa posição, imóvel, deitado na lama, os braços em cruz... Um dia, dois, talvez três... Uma mulher que passava pelo local o viu no momento em que ele despertou... e foi como se ele acordasse de um longo pesadelo... Apesar de devastada pela tempestade, a terra lhe pareceu um jardim.

"Estou morto", pensou ele, "morto ou vivo, pouco importa: 'Eu Sou...'"

Ao pronunciar essas palavras, a presença de Yeshoua lhe veio, não à memória, mas ao coração... e ele, então, foi invadido por uma estranha emoção.

"Antes de Abraão ter sido, 'Eu Sou...'"

Alegria! Essa palavra que sempre lhe pareceu pertencer a uma língua e a uma vida estrangeira, de repente fez sentido para ele.

E as lágrimas lavaram os fragmentos de memória que tinham restado dos dias idos...

"Eles o mataram e Ele está vivo!", pensou ele e, dessa vez, ele não mais se perguntou se estava sonhando.

"Ele me matou e 'Eu Sou', eu estou vivo! Ele matou meu messias, meu deus, tudo que eu tinha de mais valioso e de mais precioso e 'Eu

Sou', eu estou vivo! Ele me arrastou para a lama e lá ele me deu um beijo, um sopro e eu estou vivo, 'Eu Sou!'

Ele se aproximou do meu túmulo, ele tirou a corda do meu pescoço, ele fechou minhas entranhas dilaceradas...

Ele respeitou meu desespero, meu gosto pelo nada...

Eu cuspi na sua cara meu ódio pelo amor e ele fez desse ódio um ungüento, pois o sofrimento pode tratar do sofrimento, a morte só é derrotada pela morte.

No entanto, não é o sofrimento que salva e cura, mas a consciência com a qual o atravessamos.

Não é a cruz que salva e cura, é o amor com o qual a carregamos.

Não é a morte que salva e cura, é a consciência com a qual a percorremos.

Observe minha nuca... e minha garganta cerrada...

Observe minhas unhas... esse sou eu: Eu estava morto e eu estou vivo, 'Eu Sou'. Eu desci aos infernos...

Não conheci apenas a vertigem própria do abismo, conheci também essa lenta decomposição dos ossos e dos pensamentos, essa asfixia, esse fogo do amor recusado, esse olhar de criança, esse pobre Deus que dá pena, esse doce fogo ao qual nós fechamos a porta...

Mas a paciência do fogo, assim como a paciência do Amor, veio à tona por todos os lados... e a paciência d'água, assim como a das lágrimas, dissolvem as mais grossas muralhas...

Desci aos infernos e eu os vi, desesperados... também vi aqueles que cometeram todos os tipos de crime e o pior dos crimes que é não se arrepender de nenhum.

Vi meus irmãos suicidas...

Agora nós sabemos, inútil acreditar: tudo isso de nada serve. A vida continua após a morte, assim como a morte continua após a vida...

O importante é conhecer 'Eu Sou'; quer ele tenha o rosto de Yeshoua ou de um outro messias[12], quer ele tenha o corpo do oceano ou da árvore secreta cujas raízes ignoramos, quer ele tome a forma de um pássaro, as asas ou os cílios daquela que nos contempla...

Não é o absurdo, a arrogância, a mentira, a violência, a injustiça, o ódio, a morte que terão a última palavra... Isso é apenas a metade do real, a metade do caminho...

Também não é a inteligência, a humildade, a verdade, a candura, a justiça, o amor, a vida que terão a última palavra... Isso é apenas a metade do real, a metade do caminho...

Judas e Yeshoua, nós somos as duas metades de um ser humano sem dúvida mais humano...

Judas e Yeshoua, nós somos os dois caminhos que, sem dúvida, nos revelam um Deus mais divino...

Não é o bem que terá a última palavra.

Não é o mal que terá a última palavra.

Um e outro são as duas metades do caminho, as duas metades que formam um ser humano...

E além do bem e do mal, além dessas duas metades, começa um outro caminho..."

---

12. O único falso messias é aquele que pretende ser o único.

Anexos

Judas: reflexões sobre um enigma

Para Olivier Clément,
que me lembrou que
minha família (o cristianismo ortodoxo)
é a de Dostoievski...

I

Quem é Judas?

Por que opor a história ao mito? Algumas personagens históricas tornaram-se mitos; mitos que, muitas vezes, esmagaram a personagem histórica e a relegaram a um segundo plano.

Quem se importa com o "verdadeiro" Don Juan que se esconde por trás do mito de Don Juan? Hoje em dia dizemos que ele "sem dúvida existiu", lá para os lados de Sevilha, assim como Carmem... Da mesma maneira diremos que Judas "certamente existiu..." Ele era judaico, talvez um zelote da família dos Herodes...

O mito do traidor e a dramatização arquetípica dos evangelhos nos fazem esquecer que houve, "sem dúvida", um Judas real e que ele era "um dos doze" escolhidos por Yeshoua... Falamos igualmente de Míriam de Magdala como de uma personagem "construída" a partir de um certo número de mulheres que cercavam Yeshoua. Também nesse caso ela foi arrebatada pelo arquétipo e é como arquétipo que ela continua viva hoje em dia após ter atravessado os séculos.

Alguns chegarão a afirmar que a personagem de Yeshoua também é uma "construção" dos seus discípulos que, após sua morte, criaram "um messias ressuscitado", um arquétipo do salvador ou do libertador, não apenas de um povo em particular, mas de toda a humanidade...

Todas essas construções e elaborações possuem certamente um ponto de partida! Como diz o provérbio: "Onde há fumaça, há fogo". Se após vinte séculos ainda há tanta fumaça, é difícil duvidarmos que um fogo de tamanha intensidade não tenha "caído" em alguma parte sobre a terra ou "subido" das suas profundezas tal qual um vulcão...

Os platônicos dirão que os mitos e os arquétipos, assim como as plantas dos arquitetos, são anteriores à realização "histórica" ou espácio-temporal das construções e das personagens...

Yeshoua, Míriam, Judas "são" arquétipos que "existem" antes de terem se manifestado no mundo. Yeshoua é a encarnação do "Arquétipo da Síntese"[13] ou a "figura do Bem" que revestiu-se de carne e ossos, assim como Judas seria a figura ou o *typos* do mal; Míriam é o arquétipo da mulher "pecadora e perdoada" ou da Bem-Amada, "a Sofia, esposa do Logos..."

Por que negar que alguns homens e algumas mulheres históricas tornaram-se mitos? Por que negar que alguns mitos ou arquétipos "encarnaram-se" em seres históricos?

História e mito parecem estar indissociavelmente ligados, pela boa razão que a história é sempre uma história interpretada, "recontada".

Os próprios cientistas reconhecem que a "história da matéria" também é a história das suas interpretações através dos séculos e que ela depende dos instrumentos utilizados, que são cada vez mais sofisticados e elaborados...

No caso de Judas, quais são os fundamentos da sua "história" ou do seu "mito"? Assim como aconteceu com Yeshoua, não achamos nenhuma ossada ou indícios "cientificamente" reconhecidos de sua passagem pela Judéia e pela Galiléia.

O conhecimento arqueológico e a consulta dos documentos de época nos permitem reconstruir uma história que poderia ter sido a sua. Podemos situá-la, por exemplo, no seu contexto político: os romanos, os saduceus, Herodes... Podemos imaginar que ele tenha sido

13. Expressão de S. Máximo Confessor. Síntese entre o finito e o infinito – a eternidade e o tempo – o homem e Deus.

um zelote, assim como outros discípulos de Yeshoua e que isso pressupõe grande revolta e indignação diante da terra "enxovalhada" pelo "ocupante" e pelos dignitários que colaboraram com ele.

Se o conhecimento do meio onde evoluíram Yeshoua e seus discípulos vai se tornando mais "conhecido" (alguns dirão mais "desconhecido") à medida que se acumulam as descobertas e a vinda ao dia de numerosos textos desaparecidos, enterrados na terra por razões que ignoramos (entre eles um evangelho de Judas), o conhecimento das personagens evangélicas se revela cada vez mais incerto (aqui conhecimento não é sinônimo de certeza).

A descoberta desses textos antigos colocam em xeque as imagens "prontas" que tínhamos e que não passam de elaborações tardias compostas pelos poderes religiosos predominantes. Após ter lido, por exemplo, os evangelhos de Tomé, de Míriam de Magdala e de Felipe, a imagem que temos de Yeshoua, de Míriam e das primeiras comunidades cristãs não pode mais continuar sendo a mesma.

Mas para o assunto que nos diz respeito e no ponto onde nos encontramos, os textos que fazem referência quanto à elaboração e à construção da personagem de Judas são os textos que podemos tirar dos evangelhos ditos "canônicos", ou seja, tidos como úteis à fundação ou à organização das igrejas institucionais em um dado momento da história, em oposição aos evangelhos ditos "apócrifos" ou "gnósticos", não considerados úteis e, por vezes, considerados até mesmo perigosos para a fundação ou a organização dessas igrejas nascentes.

Apresentamos aqui a tradução de alguns textos que procura manter-se o mais próximo possível do grego original.

Observaremos um certo número de variantes no relato dos eventos, especialmente entre os fatos narrados pelo Evangelho de João e aqueles narrados pelos evangelhos sinópticos. Por exemplo, a cena da unção situada antes da cena da última ceia se desenrola na casa de "Simão, o leproso" (Sinóptico) ou na casa de Lázaro em Betânia (Evangelho de João)?

A melhor prova de que os evangelhos não pretendem ser "relatos históricos" diz respeito à morte de Judas. No Evangelho de Mateus (27,5),

Judas vai se enforcar. O livro dos Atos dos Apóstolos não nos diz que ele se "suicidou", mas que "ele caiu", primeiro a cabeça e que depois ele rebentou ao meio (At 1,16.18).

Essas duas "versões" da morte de Judas nos remetem a dois textos distintos do Primeiro Testamento:

Primeiro, o segundo livro de Samuel:

Aquitofel submeteu a Absalão, o filho revoltado, o projeto de matar Davi, seu pai, mas o "conselho" não foi seguido e ele prefere seguir o conselho de Cusai.

"Aquitofel, porém, vendo que se não tinha seguido o seu conselho, aparelhou o seu jumento, e levantou-se, e foi para sua casa e para a sua cidade; e tendo disposto todos os negócios da sua casa, enforcou-se, e morreu" (2Sm 17,23).

Por ter "traído" seu "rei-messias" Davi, Aquitofel se enforcou. Portanto, para o Evangelho de Mateus é uma questão de lógica e coerência que Judas também se enforque.

Os "Atos dos Apóstolos" fazem alusão a uma referência que se encontra no livro da Sabedoria, onde está escrito: "E depois disto morrerão sem honra, e ficarão com infâmia para sempre entre os mortos, porque (Deus) os quebrará, reduzirá estes orgulhosos ao silêncio e os abalará desde os fundamentos, e serão reduzidos à ultima desolação, e estarão gemendo, e a sua memória perecerá" (Sb 4,19).

Os evangelhos apócrifos também apresentarão outras versões possíveis da morte de Judas. Essas diferentes versões nos lembram que "não sabemos" realmente como Judas morreu – ele cometeu suicídio ou não? Cabe a cada de um nós imaginar o fim que lhe parecer justo segundo a imagem que tenhamos de Judas e a "ressonância arquetípica" que nos tocar. Isso não quer dizer que "as coisas" tenham se passado desta maneira...

O texto evangélico não está aí para responder às nossas questões, "bloqueando assim nosso pensamento", ele existe para "questionar nossas respostas", nossos *a priori*, nossos "hábitos"[14] e para nos recolocar no caminho do pensamento...

Os textos existem para estimular nossa inteligência e nosso imaginário na sua busca de sentido. Eles não são catequeses, letras esclerosadas de uma palavra viva, eles são um convite a uma "leitura infinita" e a um diálogo fecundo, algumas vezes conflitante, entre as diversas interpretações...

---

14. Cf. *O Evangelho de Maria*. A palavra de Pedro: "Devemos mudar nossos hábitos, nos colocarmos essas questões por causa desta mulher..." (Petrópolis: Vozes, 1998).

II

Fundamentos metafísicos

A afirmação "daquilo que é" conduz à afirmação do "Ser que É e que faz ser aquilo que é". A negação "daquilo que é" conduz à negação do "Ser que É e que faz ser aquilo que é".

A afirmação ou a negação "daquilo que é" conduzem à oposição de duas realidades que chamaremos o Ser e o Nada. Essas duas realidades existem apenas na afirmação ou na negação "daquilo que é", são duas realidades psicológicas.

O Ser e o Nada descrevem o poder da afirmação e da negação "daquilo que é" para o homem. A única realidade "ontológica" é "aquilo que é", mas o que é "aquilo que é"? Nem Ser, nem Nada? Alguns o chamarão de o Desconhecido, o Aberto, a Vacuidade...

Dentre as realidades que "são o que elas são" existe essa realidade, esse corpo que tem um rosto e que através desse rosto me contempla e se dirige a mim. Através das suas "aberturas", essa "coisa" que é um corpo e que tem um rosto, encontra-me, "entra em relação" com essa "coisa" aberta em mim que, através do meu corpo que tem um rosto, pode receber e doar.

Essa realidade, esse corpo que tem um rosto e que se dirige a mim, pode ser chamada de sujeito; doravante não existe apenas "aquilo que é", existe também "aquele que é", aquele que está aqui, essa pessoa, esse sujeito: você, eu, ele, ela, "alguém".

A afirmação "daquele que é" conduz à afirmação "daquele que é o Ser que Ele é" e que faz ser os seres que são o que são. Alguns chamarão essa realidade afirmada de Deus, YHWH, etc.

A negação "daquele que é o Ser que Ele é" e que faz os seres serem o que são, será negação de Deus ou ateísmo.

"Aquele que é" e "Aquele que não é": essas duas realidades são reais apenas na afirmação ou na negação daqueles que se colocam numa ou noutra realidade. São duas realidades psicológicas.

Elas descrevem o poder de afirmação ou de negação do homem face "Àquele que é" (o Sujeito que existe no Ser ou a Realidade que se dá através "daquele que é" e "aquilo que é").

Esse poder de afirmação e de aquiescência ou de negação e de recusa vai determinar a possibilidade de uma relação com "aquilo que é" e com "Aquele que é". Alguns falarão da relação com "aquilo que é" como de uma relação com o divino (o sagrado), outros falarão da relação com "Aquele que é" como de uma relação com Deus (o santo).

a) Uma relação neutra com "aquilo que é" nos faz experimentá-lo como coisa, natureza, mundo.

b) Uma relação positiva com "aquilo que é" nos faz experimentá-lo como vida, natureza viva, mundo sagrado.

c) Uma relação negativa com "aquilo que é" nos faz experimentá-lo como fatalidade, vale de lágrimas, ser para a morte, o "jogado aqui" existencial.

a') Uma relação neutra com "Aquele que é" nos faz experimentá-lo como Princípio de tudo "aquilo que é", Causa primeira, Origem daquilo que é Sujeito "naquilo que é", Fonte de liberdade.

b') Uma relação positiva com "Aquele que é" nos faz experimentá-lo como Presença de verdade, de Amor, de Beleza, de Liberdade, como Criador-Pai-Mãe-Senhor-Amigo de tudo "aquilo que é" e de todos aqueles e aquelas que são. Essa relação positiva com "Aquele que É" em tudo "aquilo que é" é por vezes chamada de Paraíso, Beatitude, Alegria, Nirvana, Êxtase, Paz interior, Serenidade, etc. e, em um determinado momento da História, a encarnação dessa relação positiva poderá chamar-se Yeshoua.

c') Uma relação negativa com "Aquele que É" nos faz experimentá-lo como Ausência, Carência, Falta de Sentido, Absurdo, Arbitrário, Acaso, Fatalidade, Destruição daquilo que é Sujeito "naquilo que é", Poder de morte, Diabo, Demônio, Poder do Mal. Essa relação negativa com "Aquele que é" em tudo "aquilo que é" é algumas vezes chamada de Inferno, Abismo, Angústia, Desespero, Aflição, etc. e, em um determinado momento da História, a encarnação dessa relação negativa poderá chamar-se Judas.

Nos Evangelhos, a entrada em cena da oposição entre Yeshoua e Judas poderia simbolizar a oposição entre o Ser e o Nada; uma relação positiva, por um lado, e uma relação negativa, por outro, com "aquilo que é" e "Aquele que É". Oposição entre o inferno e o paraíso, entre a encarnação de um poder bom, verdadeiro, belo, fonte de alegria e liberdade e de um poder mau, hostil, feio, fonte de mentira, de tristeza e de alienação.

Essa é a mesma oposição do maniqueísmo: o Deus do Bem e o Deus do Mal. O Deus de Yeshoua e do Novo Testamento e o mau demiurgo, o Deus de Judas, o Deus do Antigo Testamento.

Judas e Jesus, duas faces de uma única revelação recusa essa simplificação redutora. Primeiro, de um ponto de vista metafísico: apenas o Ser é; por definição, o Nada não é; ele é apenas a negação psicológica "daquilo que é". Dizer que o Ser é, não é apenas da ordem da apreensão afirmativa ou positiva "daquilo que é".

A apreensão "neutra" "daquilo que é" não faz "daquilo que é" um ser último ou supremo como a apreensão afirmativa o faz. "Aquilo que é" não deixa de ser menos um "aquilo" desconhecido, inominável, irrepresentável, etc.

A apreensão apofática "daquilo que é" não é afirmação nem negação (não é uma filosofia ou uma teologia "negativa"), ela apenas tira da linguagem a pretensão de dizer "aquilo que é", pela mais forte razão "daquele que é". Ela se aproxima mais da adoração silenciosa do que toda forma de discurso ou oração.

É evidente que, na dramatização evangélica, Yeshoua encarna uma relação afirmativa e positiva com "o Ser que é o que Ele é", que ele chamará "Pai Nosso, seu Pai e Nosso Pai", e ele permanecerá do início ao fim de sua história (nos Evangelhos e também nesse "relato") nesta postura de afirmação, apesar do seu grito: "Meu

Deus, por que me abandonastes?" e sua "agonia"[15] indicarem uma "falha" possível no seu poder de afirmação. Isso o torna ainda mais humano e nos lembra que não existe fé perfeita: a dúvida nem sempre é uma fraqueza da fé; ela é, antes, seu estímulo, seu teste e sua provação. Shatan, no livro de Jó, é um poder positivo (um filho de Deus) e negativo, cuja função é "provar", "testar" a fé...

A personagem de Judas parece menos "fixada" no mal do que Yeshoua no bem. Ele passa por fases de afirmação positiva "daquilo que é" e "daquele que é", mas também por fases de apreensão negativa, o que o aproxima, sem dúvida, das psicologias mundanas com suas contradições e definições entre os contrários raramente integrados.

Poderíamos dizer que em Judas há primeiro uma fase de afirmação positiva daquele que ele encontra quando esse cura o cego de nascença; "Aquele que é" diante dele e caminhando a seu lado parece responder às suas aspirações e expectativas.

Depois vem uma fase de idealização: "Aquele que é" torna-se um "ídolo", um messias ideal e sonhado. Essa afirmação suprapositiva também pode ser chamada de negativa, pois ela perde toda a objetividade (apreensão neutra "daquilo que é" e "daquele que é" ao precisamente "supra-objetivar" seu objeto de devoção).

Yeshoua não permitirá que Judas permaneça nessa apreensão excessiva daquilo que ele é. Ele destruirá seu ídolo, seu sonho... e o discípulo, decepcionado pela realidade "daquele que é aquilo que Ele é" e sentindo-se traído por ele, passará à uma apreensão negativa de Yeshoua. Essa apreensão culminará na negação de YHWH, "Aquele que é o Ser que Ele é" e o conduzirá a fazer a experiência do Nada, chamada pela tradição de "descida aos infernos".

Essa experiência do Nada não é o epílogo da aventura de Judas. Ele descobrirá que o Nada, assim como o inferno, não possui realidade objetiva nem *status* ontológico: a negação do Ser não é um ser.

---

15. Em grego *agonia* quer dizer "combate"; aqui utilizado no sentido de "combate interno".

O Nada, como vimos, não existe ontologicamente, ele existe apenas psicologicamente. Ele existe apenas "para mim", em uma subjetividade que recusa e nega o Ser, "aquilo que é" e "Aquele que é", uma subjetividade que, de certa forma, recusa a relação com "aquilo que é" e "Aquele que é": a relação com o Outro.

Quando Judas descer aos infernos, irá descobrir que o Nada não existe e o inferno não é uma realidade objetiva; poderíamos chamar isso de "boa-nova", seu *evangelho*[16], segundo Judas:

> O inferno não possui realidade objetiva - dele voltei,
> O inferno sou "eu",
> enquanto durar
> minha negação "daquilo que é" e "daquele que é",
> mas essa negação durará apenas
> o tempo que durar um "eu",
> e isso pode ser um longo tempo
> mas não será a eternidade!
> Quando tiver esgotado minha faculdade e minhas possibili-
> dades
> de negar, de dizer não "àquilo que é" e "Àquele que é",
> quando tiver esgotado
> essa faculdade de negar
> que eu tomo por "mim",
> então, nessa passagem do não ao Sim
> (do *non serviam* ao *Fiat*),
> não serei mais "eu" quem vivo,
> será "Eu Sou" que vive em "mim".
> "Eu Sou", eu estou ressuscitado...

---

16. Evangelho quer dizer "boa-nova" em grego.

III

Iniciação

Aquilo que Judas viveu não é o que todos nós vivemos? A vida não é uma iniciação? Ou seja, o lugar de nossas diferentes "passagens"[17] de um plano de consciência a outro, de um nível de realidade a outro. Nossa vida não é uma incessante seqüência de mortes e ressurreições? Desde o momento do nosso nascimento, se quisermos crescer, devemos morrer; morrer para a criança que fomos para tornarmo-nos adolescentes, morrer para o adolescente para tornarmo-nos adultos e, quando formos adultos, morrer para certas imagens de si mesmo para tornarmo-nos realmente nós mesmos, depois morrer mais uma vez àquilo que realizei como "eu", como "ego" para poder descobrir o "Ser", o "Self"... Passar desse ser mortal ao Ser que não morre, passar realmente desse nível de realidade que chamo de "eu" (Judas, Simão, Yohanan) para ter acesso àquilo que descubro como sendo "Eu Sou", a inscrição do "Ser que é" e que permanece (YHWH) no meu ser que passa...

Eu já dediquei um estudo a essas etapas da evolução da consciência, onde "Eu Sou" realiza-se através de *eros* e *thanatos, pleroma* e *kenosis*[18]. A aniquilação de cada nível de ser (pertencente ao conhecido ou ao já realizado) é realmente vivida como uma morte, condição essencial para ter acesso a um nível de ser superior (con-

---

17. Sentido da palavra *Pessah* (Páscoa).

18. Cf. "Pleroma et Kenosis": deux modes d'appréhension de louvert. In: *Tradition et modernite*. Paris: L'Originel, 1988.

siderado ainda como desconhecido e não realizado); o acesso a este "novo" plano do real é vivido como uma "ressurreição".

"Morrer antes de morrer" - chamamos isso de iniciação. Em *Judas e Jesus: duas faces de uma única revelação*, eu quis fazer de Judas um "iniciado" no sentido de que (como Yeshoua) ele vai até o limite de si mesmo, até o limite de sua humanidade que ele esgota até à morte.

Primeiro, ele vai até o limite da sua crença e de sua esperança no Messias, depois ele as perde reconhecendo nelas suas projeções ilusórias. Tendo sua fé e sua esperança morrido junto com a imagem de seu Messias, ele chega ao limite do seu desespero, de sua queda; ele realmente desce aos infernos e é lá que acontece sua grande "passagem", sua Páscoa, fazendo um paralelo com a Páscoa, a passagem de Yeshoua. No momento em que ele "perde" sua vida e tudo aquilo que lhe dava sentido - seu Deus, sua lei, sua justiça, seu Messias - é aí que ele a "encontra".

No momento em que ele perde seu "eu", seu "ego" esgotado pelo desespero, ele descobre o "Ser", o "Self". Mais eu do que eu mesmo, completamente diferente de mim mesmo, ele descobre o "Eu Sou" que ele é desde a eternidade e do qual lhe falava Yeshoua quando dizia: "Lá onde 'Eu Sou' eu quero que vocês também sejam".

Sem nada negar dos textos dos Evangelhos (já que não sabemos com certeza como Judas morreu, podemos apenas supor que esses textos evocam tanto uma morte simbólica quanto real), eu ouso dizer que Judas, como Yeshoua, estava "morto antes de morrer" (morto enquanto entidade separada do "Eu Sou que é") e que ele "já estava ressuscitado"...

Podemos dizer, assim como São João, que ele já vivia na sua vida mortal a realidade da Vida eterna (a dimensão de eternidade que habita nossa vida "transitória").

Quer Judas tenha se suicidado ou não, pouco importa; neste abismo para onde ele foi conduzido pela dor e pelo desespero, não existe mais "eu" que possa se colocar essa questão...

"Ser ou não ser" é uma boa e, sem dúvida, trágica questão para o "eu"; mas ela não é uma questão para aquele que despertou para além do "eu"; para aquilo que, no seu poder de afirmação ou de negação, ele tomava pelo Ser e o Nada. O que permanece é o "Eu Sou" "daquele que é o Ser que Ele é", YHWH, o Deus anterior ao próprio Ser: o Ágape...

Que me perdoem o jargão que tenta dar significado a esse relâmpago ou a esse breve estio[19] que nos libertam de nossos limites e nos restituem à Vida, à consciência, à beatitude, ao infinito... Na linguagem evangélica utilizaremos a expressão "sair do túmulo".

19. Jogo de palavras intraduzível para o português entre as expressões *éclair* – relâmpago e *éclaircie* – breve interrupção do tempo chuvoso (N.T.).

IV

Ressonâncias arquetípicas

No cristianismo antigo, entre os Terapeutas de Alexandria evocados por Fílon, cada personagem bíblica é considerada como um arquétipo: uma imagem do homem e de seu vir-a-ser encarnado ou manifestado em um ser que é, na maior parte do tempo, histórico. Assim acreditamos que Moisés, Abraão, Noé, Jó realmente existiram e foram, ao mesmo tempo, arquétipos ou "imagens estruturantes", que podem entrar em ressonância com nosso consciente e nosso inconsciente para esclarecê-los no seu devir.

Em alguns momentos de nossa história, cada um de nós pode vir a dizer: "Abraão sou eu", "Jó sou eu" e aquilo que Jó ou Abraão viveram pode dar sentido àquilo que temos de viver. Poderíamos dizer a mesma coisa de Judas – "Judas sou eu" – e entrarmos em ressonância com ele?

À primeira vista, isto não parece ser fácil. Quando evocamos Yeshoua podemos entrar em relação com o "Eu Sou", a luz incriada de nosso ser. Quando evocamos Judas, estamos, de uma certa maneira, entrando em ressonância com nossa "sombra", com nosso poder de negação e de recusa do "Ser que se dá" ou do "Eu Sou que ama em nós". No entanto, se quisermos que este "Ser que ama" seja algo mais do que um sonho, devemos "prová-lo", "testá-lo", verificar se ele é real e se está bem enraizado nas profundezas de nosso ser...

Mas antes de passarmos pela prova do desespero, do abandono e da depressão, devemos, sem dúvida, atravessar a prova da expectativa, da alteridade e da decepção... e é aí que, em um primeiro momento, o itinerário de Judas poderá coincidir com o nosso.

O itinerário de Judas é o itinerário de um homem traído, um zelote (etimologicamente, um "fervoroso") que esperava muito de Yeshoua, não apenas que ele fosse justo e que expulsasse os invasores romanos, mas também que ele fosse o Messias anunciado pelos sábios e pelos profetas de Israel. Tanto para Judas quanto para os outros discípulos, Yeshoua deveria ser o homem providencial que restabeleceria a justiça e a paz na terra santa de seus pais.

À medida que os acontecimentos vão se desenrolando, Yeshoua não corresponde mais à sua expectativa. Judas tem a impressão de ter sido "traído": o Messias não toma o poder e nem lhe dá poder. A injustiça, a miséria, a violência continuam a reinar no país. Não é o Reino de Deus que se aproxima, ainda estamos no reino de César.

Yeshoua cura os enfermos, mas não todos. Ele ressuscita Lázaro, mas não se comporta como alguém que venceu a morte. Ele permite ser caluniado ao invés de fazer um raio cair sobre seus oponentes. Judas acaba pensando que "foi usado" e se decepciona na medida da sua expectativa, ou seja, infinitamente.

Um homem desiludido é um homem perigoso. Um homem traído só pode tornar-se um traidor. Essa é a lei de Moisés, "olho por olho, dente por dente", e ele deve cumpri-la. Ora, devemos reconhecer essa lei em nós para podermos suplantá-la, esse é um dos ensinamentos do Evangelho.

É dessa maneira que a personagem de Judas pode nos fazer refletir acerca de nossas expectativas: esperamos do outro aquilo que não queremos ou não ousamos pedir a nós mesmos. Se nossas expectativas são desiludidas, não temos ninguém a acusar além da nossa própria expectativa. Mas podemos viver sem expectativas? Amar sem expectativas, ou seja, sem ilusões?

Podemos, sem dúvida, estar conscientes e a cada dia nos liberar um pouco mais daquilo que projetamos sobre os outros e, às vezes, sobre nós mesmos... Mas como não nos fecharmos na decepção? Esse fechamento infernal[20] é uma etapa importante do itinerário de Judas; ele rumina sua decepção, ele a conserva, ele a justifica. É aí que, de uma certa maneira, Shatan entra nele, o "obstáculo" lhe fecha todas as vias e saídas para o "exterior" ou para o Outro.

Também podemos dizer que ele se fecha na culpa.

Pedro também é um traidor: ele nega Yeshoua por três vezes, mas, ao contrário de Judas, ele acredita que o perdão é possível. Quando ele cruza o olhar de Yeshoua, "chora lágrimas amargas" e, através das suas lágrimas, é libertado da culpa, ele restaura sua relação com o Mestre e Senhor; ele poderá até mesmo voltar a exercer sua função de "chefe" dos apóstolos, mas um chefe cujo poder e pretensão foram destroçados: "Eu jamais o trairei!", dizia ele, e bastou uma criada para que sua força todo-poderosa se dissipasse!

Por outro lado devemos observar que Pedro, além da traição, compartilha com Judas do dúbio privilégio de ser chamado de "demônio" pelo Mestre e Senhor.

Quando Yeshoua anuncia que vai subir até Jerusalém para lá "sofrer muito nas mãos dos sumos sacerdotes e dos escribas", Pedro o retém e o adverte: "YHWH o preservará, isso não acontecerá a ti". Yeshoua, voltando-se para Pedro, disse-lhe: "Retira-te de mim, Satanás; tu serves-me de escândalo, porque não tens a sabedoria das coisas de Deus, mas das coisas dos homens..." (Mt 16,21-23).

No entanto, a "personagem" de Pedro não se fecha nas conseqüências negativas de seus atos ou de suas palavras. Ele permanece aberto a uma mudança e a um arrependimento possíveis, o que não me parece ser o caso de Judas, donde o processo dramático descrito pelos autores dos Evangelhos: sua recusa do perdão, sua recusa do Outro, sua recusa de uma saída possível o aprisiona, o inferniza, o sufoca e o conduz ao "suicídio".

---

20. Jogo de palavras intraduzível para o português. No original em francês: "Cet enfermement est une étape importante de l'itinéraire de Judas" – *enfermement* remete tanto a *enfermer* (fechamento, fechar, aprisionar, encarcerar) quanto a *enfer* (inferno) (N.T.).

Ele permanece fiel a seu ideal de justiça, no entanto, deverá pagar pelas conseqüências de seus atos; ele não acredita na misericórdia e na possibilidade da graça, por conseguinte, se enforca. Aí também Judas pode ter algo a nos ensinar: quando fatalmente nos fechamos em um ego onde o Outro, a graça e o perdão possível não mais existem, por vezes só resta a saída de "enforcar-se", acabar consigo mesmo o mais rápido possível para que cesse a angústia, a dor e essa farsa de mau gosto chamada vida.

Fechar-se no inferno da culpa, fechar-se no inferno do desespero e do absurdo da condição humana quando ela se quer "atéia", ou seja, fechada a um Outro possível, a um Amor maior que o erro, maior que a falta: "Se o seu coração o condena, Deus é maior do que seu coração".

A maneira como as igrejas apresentam a personagem de Judas não nos é de grande ajuda; pelo contrário, ao fazer do suicídio o ato terminal que nos aprisiona definitivamente na falta (alguns dirão "eternamente" já que, para eles, a danação e o inferno são "eternos", o que é uma impossibilidade metafísica: as conseqüências de um ato "finito" não podem ser "infinitas") elas acrescentam a culpa ao suicídio. Judas torna-se assim o arquétipo do "amaldiçoado", aquele cuja recusa ou incapacidade para amar e ser amado pelo próprio Amor o aprisiona em um inferno e um tormento sem fim; a imagem do ateu que um trágico orgulho conduzirá ao nada...

Mas não é dessa maneira que Judas nos é apresentado nos Evangelhos. Se aquilo que ele vive é e continua sendo eminentemente dramático, isso não tem menos sentido: aquilo que ele faz é "para que as Escrituras se cumpram".

Essa noção de cumprimento é importante. Sem Judas, Yeshoua não teria "cumprido" sua missão; sem Judas, Yeshoua não passaria de um buda ou de um profeta como os outros, ele teria comunicado um ensinamento sublime de generosidade e paz até uma idade avançada, mas não teria "mostrado", "revelado" em um corpo e um comportamento humanos a força invencível do humilde Amor face à adversidade, a violência e a morte.

A função da traição de Judas é a de revelar "Eu Sou", YHWH, cuja realidade é testemunhada pela vida e o ensinamento de Yeshoua.

É por esta razão que o Evangelho, ao designar o ato de Judas[21], não emprega a palavra "trair", mas "entregar", "transmitir". Ele é o "entregador" da Luz, aquele que revela que ela está presente no coração das trevas.

Se, à maneira dos antigos terapeutas e exegetas, nós interiorizarmos esse momento "crucial" dos Evangelhos, nós poderíamos dizer: para que o nosso "programa" seja cumprido (o código genético também é uma santa escritura), é preciso passar por essa travessia pela sombra, integrá-la ao invés de rejeitá-la; senão nada será cumprido, o mal, a recusa e o nada continuarão a nos destruir e a nos envenenar a vida, como muitas existências autônomas que teriam algum poder sobre a realidade "daquilo que é" e "daquele que é". No entanto, trata-se apenas de manifestações psicológicas dependentes do "eu".

Assim, mesmo o mal, em suas múltiplas formas, mas mais particularmente a aflição, o desespero, a depressão, contribuem com a nossa realização: "Tudo concorre para o bem daqueles que estão em busca de Deus... até mesmo o mal..." Tudo concorre ao bem, mesmo daqueles que nada mais procuram, mesmo dos desesperados e daqueles que negam Deus. Não é mais bem ou mal, é "Assim"...

Apesar de nossos *a priori*, a Bíblia é uma visão "não dualista" de Deus. Ele não é apenas o criador da beleza e da felicidade: "Deus faz o bem, Ele também cria o mal, Ele faz a luz, Ele também cria as trevas" (Is 45,7).

Não é apenas pelos caminhos de luz, encarnados por Yeshoua, que YHWH nos conduz, é também pelos caminhos da sombra, encarnados por Judas. Quando Judas e Yeshoua trocam um beijo, não é apenas a luz e a sombra que estão se encontrando: é um Deus maior que se revela e se realiza.

Através dessa *coincidentia oppositorum* no exterior, na história (santa ou absurda) e no interior, em nossa história (santa ou absurda), é a grande alquimia do Real que se realiza...

---

21. Em grego, *paradosis* quer, na verdade, dizer "transmissão" (mas também "tradução", "tradição") e não "traição".

V

Os evangelhos de Judas

A publicidade feita em torno do Evangelho de Judas, recentemente traduzido pelo Professor Kasper da Universidade de Genebra e financiado pela Fundação suíça Maecenas, é uma boa ocasião para nos interrogarmos sobre a maneira pela qual um Evangelho é redigido: "No século I de nossa era, muitas pessoas letradas eram capazes de traçar algumas linhas, mas escrever era uma profissão: o escriba que a exercia recebera uma longa formação e, em geral, seus serviços eram pagos. Ele possuía um material especial: uma prancheta onde eram fixados godês para a tinta, um estilete de ponta seca para marcar os alinhamentos, um raspador para apagar. Ele próprio fabricava suas tintas, nas cores preta e vermelha, a partir do negro da fumaça ou da terra ocre cuidadosamente esmagada. Utilizando cálamos ou juncos, ele confeccionava penas que eram talhadas para obter traços de uma boa espessura"[22].

Ou seja, escrever era uma tarefa lenta e laboriosa e o suporte (papiro ou pergaminho) custava muito caro. Portanto, dificilmente poderíamos imaginar os discípulos colocando por escrito as palavras ouvidas durante os momentos passados ao lado do Mestre e Senhor. Por outro lado, no mundo judeu do início da era cristã, assim como nas civilizações orais de hoje em dia, a palavra dada ou a

22. Michel Quesnel. *L'Histoire des Evangiles* (A história dos Evangelhos). Paris: Du Cerf, 1987, p. 43.

palavra transmitida de boca à orelha tinham mais força do que a palavra escrita.

A fé daqueles que ainda não se chamavam cristãos não repousava sobre um livro ou livros, mas sobre a transmissão de um sopro (*pneuma*) e de uma palavra (*logos*) que despertam em nós a experiência de uma Presença viva, "não nascida, não feita, não criada", que eles chamarão *Anastasion*, o Ressuscitado. Fundados sobre tal experiência, eles se interrogarão sobre aquele que esteve na origem de tal transmissão e colherão na lembrança das últimas testemunhas de sua existência histórica, os feitos e gestos necessários à redação de seus *evangelion*, ou seja, de suas "boas-novas".

Essa "boa-nova" poderia ser resumida em algumas poucas palavras: amar não é absurdo e vão; Yeshoua, aquele que deu sua vida, que morreu injustamente, Ele está Vivo. Ele está ressuscitado. Não é o absurdo, a violência, o ódio e a morte que terão a última palavra. "Amemo-nos uns aos outros" como Ele nos amou e nós conheceremos a verdadeira vida, que não morre com a morte. Acreditar nisso não nos fará entrar em um "outro mundo", em um paraíso qualquer, mas nos fará viver "de outra maneira" em um mundo "possível" e "sensato". Yeshoua chamava esse mundo de "Reino de Deus", um mundo onde reina o Espírito e não a rivalidade e a cobiça.

Para alguns, a "boa-nova", segundo a lembrança da coletânea dos feitos e gestos consultados, tomará formas mais elaboradas, buscando responder às necessidades e às questões desta ou daquela comunidade. Dessa maneira, os escribas que redigirão esses Evangelhos, sem esquecer sua própria inspiração, permanecerão a serviço de uma autoridade que os encarregará de colocar por escrito os elementos da memória oral, úteis para o fundamento e o desenvolvimento de uma comunidade em particular (ainda não falaremos de Igreja ou instituição).

Dessa maneira podemos conhecer as diferentes comunidades e suas especificidades (por vezes, suas divergências) que estão na origem dos evangelhos de João, Mateus, Lucas, Marcos, Tomé, Maria, Felipe, etc.

Qual poderia ser a comunidade na origem de um Evangelho de Judas? Quais elementos da memória oral e coletiva o escriba vai escolher para compor seus escritos? A serviço de qual autoridade, de quais grupos ou ideologias ele organizará seu texto?

Se Judas, segundo as verossimilhanças históricas, era um zelote, podemos imaginar que seu Evangelho seria uma coletânea de diferentes palavras, feitos e gestos onde Yeshoua se comportaria como "o Mestre da Justiça". Descobriríamos um eco dessas palavras nos outros Evangelhos (cf. cap. IX). Os capítulos X e XII de *Judas e Jesus: duas faces de uma única revelação* descrevem igualmente qual poderia ser o comportamento de Yeshoua de acordo com essas palavras e qual tipo de messias os zelotes (mas também muitos discípulos) pensavam ter encontrado em Yeshoua.

Dessa maneira, esse Evangelho de Judas descreveria Yeshoua como um "justo"; uma encarnação da Torah; um homem cheio de zelo pelo Templo de YHWH; um messias capaz de expulsar o ocupante romano, mas também capaz de restabelecer a paz, a lei e a justiça em Israel; um messias universal pertencente à linhagem de Davi e anunciado pelos profetas para edificar o Reino de YHWH sobre a Terra eleita e depois sobre toda a Terra.

Um outro Evangelho de Judas poderia ser redigido, o evangelho de um discípulo fervoroso e justo que perde a fé em seu Mestre-Messias e a esperança em seu Deus. Esse Evangelho seria o relato de uma descida aos infernos de onde não sairemos senão após ter queimado todos os ídolos internos e externos; o relato de uma iniciação, uma páscoa, uma passagem do "eu" ao "Eu Sou", transformação do "ser para a morte" para "o Ser que é o que Ele é" e que está situado além dos contrários e dos opostos. Esse segundo Evangelho seria o relato de uma "morte-ressurreição" em eco à "morte-ressurreição" vivida por Yeshoua[23].

---

23. Cf. os últimos capítulos de *Judas e Jesus: duas faces de uma única revelação*.

O Evangelho de Judas recentemente descoberto é bem diferente, apesar de ele continuar sendo "um dentre outros"[24]. Sua existência foi atestada pelo primeiro bispo de Lyon, Santo Irineu, em meados do século II. Este escrito seria, portanto, anterior a esta época. O manuscrito que possuímos atualmente data, aproximadamente, do século III. Trata-se de uma tradução em copta saídico de um original grego. Ele foi achado em 1950 no Médio Egito, em Muhazafat al-Minya e contém trinta e um fólios de papiro (62 páginas). O codex onde se encontra "o Evangelho segundo Judas" contém também dois outros apócrifos: a epístola de Pedro a Felipe e o primeiro Apocalipse de Tiago.

Qual é o conteúdo deste evangelho, que pessoas o financiaram, qual tese ele procura defender? São muitas questões que ainda precisam ser desenvolvidas. Por enquanto, vamos nos ater àquilo que nos diz Santo Irineu em seu *Adversus haereses*: "Eles declaram que Judas, o traidor, estava bem avisado a esse respeito, que Caim era o filho do Poder supremo [do verdadeiro Deus] e foi vítima das investidas do Criador [o falso deus - o mau demiurgo] e que ele, conhecendo a verdade como nenhum outro, realizou o mistério da traição. Através deste ato, todas as coisas, assim na terra como no céu, foram perturbadas e eles produziram uma história fictícia deste gênero que foi chamada de o Evangelho de Judas"[25]. Nessa "história fictícia", Judas aparece como instrumento do desígnio divino. "Era preciso que as escrituras se cumprissem", dizem os outros evangelhos. Judas é um ator necessário à revelação do novo Messias, sem ele não teria havido processo, condenação, morte ou ressurreição, não teria havido cristianismo...

Dessa maneira, para a comunidade dos cainitas-judaítas à qual pertencia o Evangelho de Judas, o homem Judas foi uma das peças-chave para a salvação. Da mesma maneira que a liturgia latina celebra "a feliz falta que nos valeu tal Redentor" (*Felix culpa, quae*

---

24. A respeito das peripécias relativas a essa descoberta, cf. Michel von Rijn. Les tribulations d'un manuscrit apocryphe (As atribulações de um manuscrito apócrifo). Revista *Science et Avenir*, jan./2006.

25. *Adversus Haereses* XXXI, c. 180.

talem ac tantum meruit habere Redemptorum), a liturgia cainita-judaíta celebrava "a feliz traição que nos valeu tal Salvador".

Alguns autores contemporâneos como Kazantzakis e Borges parecem ter reencontrado esta intuição: para Kazantzakis foi Judas quem ajudou Yeshoua a concretizar um destino que, sozinho, ele não teria forças para assumir. De uma certa maneira, ele é o salvador do Salvador. Para Borges, Judas, para engrandecer Yeshoua ao máximo, escolheu a falta mais degradante - a delação: "É como se ele estivesse na posição exata descrita por São João Batista (um santo, e não um maldito - santo para quem? Maldito para quem?)". "É preciso que ele cresça e que eu diminua" (Jn 30). É difícil imaginarmos uma abnegação e uma negação de si mesmo que tenham ido mais longe[26].

Em todo caso, o ato de Judas resultou na glorificação de Yeshoua e é isso que nos lembra o Evangelho de João: "Depois que Judas saiu, Jesus disse: agora é glorificado o Filho do Homem e Deus foi glorificado nele" (Jo 13,31). Dessa maneira Judas participa e permanece indissociavelmente ligado à glória de Yeshoua, assim como o dia e a noite estão indissociavelmente unidos.

Os cainitas e os cainitas-judaítas que estão na origem do Evangelho de Judas, apesar de citados por vários Padres da Igreja, ainda são pouco conhecidos[27]. Eles reconhecem em Caim o filho de um deus superior se comparado ao deus de Abel, identificado ao mau demiurgo.

Segundo o texto bíblico, é Caim quem teve a idéia de fazer uma oferenda a Deus, Abel só o imitou (Gn 4,3). Para os cainitas, um deus que prefere a oferta de Abel, feita de carneiros degolados, a uma oferta feita de "frutos da terra", só pode ser um "falso deus", não apenas um deus "injusto" (em nenhum lugar está escrito que

---

26. Cf. Borges. Trois versions de Judas. In: Fictions (Três versões de Judas. *Ficções*). • Michel Théron. *Petit lexique des hérésies chrétiennes*. Albin Michel, 2005. • Hyann Maccoby. *L'exécuteur sacré*. Paris: Du Cerf, 1999.

27. Irineu, *Adversus Haereses*; Epifânio de Salamina, *Panarion*, 38; Hipólito, *Contra as Heresias*, 8; Pseudo-Tertuliano, *Contra todas as heresias*, 7; Tertuliano, *Sobre o batizado*, 1.

Caim era ruim ou seus pensamentos impuros), mas um deus sedento de sangue.

É claro que existem outras maneiras de ler essa passagem do livro do Gênesis, por exemplo, levando em consideração os nomes Caim e Abel. Caim é aquele que é "tudo" para sua mãe: "Possui um homem por (*auxílio de*) YHWH" (Gn 4,1), diz ela. "Possuir" é a tradução da palavra hebraica *qanité* que origina a palavra *Qayin* (Caim). Para sua mãe, Caim é um "filho de Deus" (o que ela fez com Adão?), enquanto Abel não passa de uma espécie de prolongamento de seu irmão: "E, depois, ela deu à luz a seu irmão Abel" (Gn 4,1). Em hebraico, Abel se diz *Hevel*, que significa "não é", nada, sopro do nada, bruma.

Caim, "tudo" para sua mãe, é demais. Abel, "nada" para sua mãe, não é suficiente. YHWH, ao tomar em consideração a oferenda daquele que é "nada", Abel, não estaria restabelecendo alguma justiça? O que poderíamos acrescentar àquele que já é "tudo"?

Essa passagem do Gênesis ecoará na parábola dos primeiros enviados à vinha (Mt 20). O mestre da vinha dá aos trabalhadores chegados à última hora o mesmo salário que para aqueles chegados desde a primeira hora e que tiveram que suportar o calor e o peso do dia... Aos olhos de Judas e dos outros discípulos, isso parece ser uma injustiça intolerável: aquele que não fez quase nada recebe tanto quanto aquele que fez tudo. Mas Yeshoua, assim como YHWH, poderia dar mais do que ele prometeu a um ou ao outro? A conclusão do texto nos lembra a própria atitude de YHWH em face de Caim: "Será preciso que você tenha ciúmes por eu ser bom?"

Os ciúmes e a incompreensão de Judas com respeito a Yeshoua não têm suas raízes nessa atitude do Amor incondicional que respeita aqueles que são "nada" (aos olhos de quem?) e daqueles que são "tudo" (aos olhos de quem?). No entanto, o dom do Ser é mais facilmente recebido por aqueles que são nada ou nada valem.

Aqueles que querem ser tudo e todo-poderosos correm o risco de passar ao largo dessa graça e dessa gratidão do Ser e, na sua grande necessidade de afirmar sua "justiça" e seu "tudo", eles vão acabar aniquilando o outro. Segundo essa leitura, "Raça de Caim" significaria "raça de violentos", à qual Judas poderia pertencer enquanto Yeshoua, ao fazer de si um nada (cf. o tema de Kénosis), pertence à raça de Abel (a raça das vítimas, dos fracos, dos que nada valem) e daria testemunho de um outro tipo de justiça.

Essa leitura do livro do Gênesis não será a mesma dos cainitas e do Evangelho de Judas: eles preferirão a leitura do gnosticismo, que não deve ser confundido com a gnose[28].

Diante das injustiças, do sofrimento, do sangue derramado em todos os lugares do mundo, os cainitas, assim como os "gnosticizantes", não podem imaginar que essa criação seja obra de um Deus bom. Existiria, então, um outro deus além daquele que chamamos de "o Criador de todas as coisas": o "verdadeiro Deus", aquele que Caim honra com suas ofertas não sangrentas. Falaremos também desse Deus como sendo o "Outro Deus", o "Deus Desconhecido", o "Alógeno". No Evangelho de Judas, Yeshoua carrega o nome de "Alógeno" (literalmente o Estrangeiro, o Desconhecido) que é também o nome de Seth, o terceiro filho de Adão e Eva.

Este não é o lugar para darmos uma exegese e uma interpretação exaustiva do Evangelho de Judas, mas a relação entre os dois irmãos Caim e Abel não poderia prefigurar a relação dos dois irmãos Judas e Jesus? Fraternidade que, para alguns, não seria apenas espiritual, seria também carnal, tanto Judas quanto Tiago seriam irmãos de Yeshoua[29].

Lembremo-nos igualmente que o documento publicado pelo *National Geographic Magazine* é bastante incompleto. Cerca de metade do Evangelho está faltando. Mais uma vez "o buraco no texto" nos envia à nossa liberdade e à nossa imaginação que, no entanto, devem ser esclarecidas e iluminadas pelo nosso conhecimento dos outros textos da biblioteca de Nag Hammadi.

---

28. Cf. os estudos de Jean-Yves Leloup sobre a polissemia do termo *gnose* em *Introdução aos verdadeiros filósofos* (Petrópolis: Vozes, 2003) e em *Rumo à gnose ortodoxa* (Vers la gnose orthodoxe).

29. Cf. Pierre-Antoine Bernheim. *Jacques, frère de Jésus* (Tiago, irmão de Jesus). Albin Michel, 1996.

Eles nos mostram, na maior parte do tempo, um Yeshoua "completamente diferente", alógeno e desconhecido para muitos. Um "gnóstico", sem dúvida, que "sabe" o que está fazendo e que compartilha seu conhecimento com Judas. Eles nos fazem meditar sobre um logion às vezes apagado de nossas bíblias recentes e que, no entanto, pertence às antigas versões[30].

Transgredir a lei sabendo o que estamos fazendo é uma falta menos grave que permanecer inconsciente.

"Sabendo o que você tem a fazer, faça-o rápido": não são essas as palavras de Yeshoua dirigidas a Judas? "Esteja consciente e faça o que você puder": a única falta seria permanecer inconsciente, adormecido, embriagado (cf. o Evangelho da Verdade, codex Jung). Existe apenas uma única salvação, ser e permanecer "desperto". O "Jesus" de Nag Hammadi não é apenas o "Mestre da Justiça" dos zelotes e dos manuscritos do Mar Morto; ele é um "Mestre da Sabedoria", iniciador dos mortais à sua vida incriada e eterna.

Para ter acesso à Verdade sempre presente, natureza verdadeira do ser humano, devemos atravessar uma certa quantidade de provas e de "passagens" nesses "espaços templos" ou "climas" que são os mundos intermediários, sendo os mundos intermediários da alma (*psyché*) habitados pelas mil e uma memórias de nossa vida terrestre. Essa alma deve conhecer diferentes purificações ou "sacrifícios" antes de contemplar a pura luz. Yeshoua é o guia nesta aventura terrestre e celeste. Ele é Aquele que nos ajuda a fazer a "ponte" entre os diferentes mundos[31].

Nesse Evangelho, Judas nos é mostrado como o discípulo preferido, o iniciado por excelência, o chefe de uma igreja ou comunidade que reúne antes de tudo os cainitas, o que sem dúvida limita seu interesse, mas que dá à personagem de Judas uma certa proeminência:

---

30. Cf. codex de Bèze, Lc 6,4.

31. Cf. *O Evangelho de Maria* (*Míriam de Magdala*). Tradução e comentários de Jean-Yves Leloup. Petrópolis: Vozes, 1998.

"...Eles encaminharam-se até Judas e lhe disseram: "Mesmo se não te sentires bem nesse papel, és o verdadeiro discípulo de Yeshoua..."[32]

Reencontramos aqui uma atitude própria dos autores dos Evangelhos canônicos e dos pseudo-epigrafados: o texto redigido por uma comunidade de "testemunhas", "crentes" ou "conhecedores" é colocado sob a autoridade de uma personagem maior que está presente durante a maior parte do tempo como o "chefe designado", o discípulo preferido, o "íntimo", o "gêmeo" do próprio Mestre e Senhor. Para a comunidade de Marcos, esse é Simão, o chefe dos apóstolos; para a comunidade de João (em Efeso) esse é João, "o discípulo que Jesus amava"; para o Evangelho de Tomé é Tomé, o Dídimo, que quer dizer "gêmeo"; para o Evangelho de Míriam de Magdala, Míriam é a "íntima" que transmite suas palavras de verdade; para o Evangelho de Judas, Judas é, evidentemente, o "iniciado", aquele cuja missão é a de "entregar" (*paredosis*) e revelar a luz de Yeshoua ao mundo...

Ninguém sabe o que Yeshoua realmente disse, sabemos apenas o que alguns ouviram e o que eles escolherem conservar daquilo que eles ouviram, sem dúvida para confortá-los na sua própria opinião ou convicção. O Evangelho de Judas, como o de João, de Mateus ou de Míriam, não é Evangelho, mas uma certa maneira de ver, de escutar, de compreender e de amar o Mestre e Senhor.

Yeshoua continua sendo um diamante de múltiplas facetas, ninguém consegue açambarcar sua totalidade. Os Evangelhos não se opõem uns aos outros, eles se complementam. Juntos, os olhares de Judas, Míriam, Yohanan ou Mateus, dão testemunho da mesma presença infinitamente próxima e sempre inacessível, a presença de Yeshoua. Quantos evangelhos teríamos que escrever para que o diamante revelasse todo seu esplendor...?

---

32. *Evangelho de Judas*. Tradução de Charles W. Hedrick [s.n.t.].

VI

Um romance russo?

Quando Michelle de Broca, Patrick e Natasha Alessandrin me chamaram para participar da redação de um roteiro para um filme sobre Judas, eles me colocaram questões de ordem histórica relativas a esse tema. Os primeiros capítulos de meu relato foram escritos para tentar sintetizar, de maneira acessível, uma soma considerável de documentos e informações, algumas vezes apaixonantes, muitas vezes tediosos e, quase sempre, contraditórios.

Após esse esforço de reconstrução histórica, passei à descoberta das riquezas arquetípicas da personagem de Judas. Sua complexidade me fascinou e, ao tentar descortinar sua "psicologia", eu me descobri, em um primeiro instante, próximo de um Andreïev (cf. seu livro sobre Judas), depois de um Dostoievski, especialmente na sua última fase, quando ele escreveu *Os Irmãos Karamazov*. As referências à sua obra nos últimos capítulos são quase tão explícitas quanto as referências aos Evangelhos.

A experiência da dúvida e da revolta, a travessia pela sombra, a descida aos infernos, a questão do mal e da liberdade me pareceram ser temas terrivelmente contemporâneos e já parcialmente explorados pelas personagens de Dostoievski.

Dostoievski sonhava em escrever "a vida de um grande pecador" e seus últimos romances são fragmentos desse sonho. Paul Evdokimov observou que a palavra empregada por Dostoievski, *jitié*, é a mesma usada tradicionalmente na Igreja russa para designar a vida de um santo, uma vida voltada para Deus: para o escritor, essa palavra terá sempre esse significado na sua luta e revolta contra Deus.

Essa revolta é a mesma de Ivan em *Os Irmãos Karamazov*: "Se Deus existe, a vida terrestre deve ser o Reino de Deus onde tudo é claridade e medida, por outro lado, se o mundo está cheio de enigmas e de contradições revoltantes para a razão, Deus não existe". E Ivan, assim como Judas, parece ser um Jó definitivamente revoltado. Para Ivan, o irracional só pode ser o absurdo, ele não se contenta em simplesmente protestar contra o desastre da criação, ele é forçado a negar toda transcendência[33].

O niilismo europeu (o de Ivan) e o niilismo universal (o de Judas) nos lembram que o ser humano, através da sua liberdade, tem a possibilidade de negar o Ser e de fazer deste poder de negação uma espécie de "Nada" objetivo que engolfa e deteriora tudo "aquilo que é". Esse poder de negação só pode ser suplantado através de uma experiência inesperada e irracional que, dessa vez, não desembocará no Absurdo, mas na Graça (a Transcendência): essa é a experiência de morte-ressurreição pressentida por Dostoievski e algumas de suas personagens e que foi, sem dúvida, vivida por Judas, esse homem traído pelo seu "Messias ideal" e também por Jó, traído pelo seu "bom" Deus.

Eu tentei evidenciar a sombra do "grande inquisidor"[34] em alguns capítulos de *Judas e Jesus: duas faces de uma única revelação*, particularmente no capítulo que relata o encontro entre Yeshoua e Judas no deserto, mas minha conclusão não é a mesma de Dostoievski. Conhecemos a célebre passagem de *Crime e castigo* onde tudo aquilo que representa o inquisidor – a força da razão, da justiça, da felicidade imposta a todos – parece ser condenado pela misericórdia encarnada pelo Cristo:

---

33. Cf. Olivier Clément. *Introduction a Paul Evdokimov, Dostoievski et le problème du mal*. Paris: Desclée de Brouwer, 1979, p. VIII-IX.

34. Cf. *Os Irmãos Karamazov*, de Dostoievski.

"No dia do julgamento final, Ele dirá: 'Venham, aproximem-se, venham todos! Venham os bêbados, venham os impudicos!' E nós todos nos aproximaremos sem vergonha alguma... e Ele nos dirá: 'Porcos que sois, sua imagem é a da Besta e carregais o seu selo: mas, mesmo assim, aproximem-se...' e os sábios, os racionais gritarão: 'Senhor, como recebes também esses aí?...' e Ele lhes responderá: 'Ó sábios, ó racionais, se eu os recebo é porque jamais nenhum deles se julgou digno do Altíssimo'... e Ele nos abrirá seus braços e nós nos jogaremos em seus braços e choraremos... e tudo compreenderemos..."

Devemos ir ainda mais longe; a misericórdia não pode condenar a justiça: a Realidade que está além e que contém a misericórdia e a justiça, acolherá também o "grande inquisidor", acolherá todos que não querem ser acolhidos, com sua recusa de Deus ou do Ser, já que a recusa continua sendo manifestação do Ser, assim como a recusa da inteligência (agnosticismo) é manifestação da inteligência (gnose).

A questão colocada pelo "relato de Judas" não é apenas: "Caim, o que você fez de seu irmão?", mas também: "Abel, o que você fez de seu irmão?" Não é apenas: "Judas, o que você fez de Yeshoua?", mas também: "Yeshoua, o que você fez de Judas?"

É nesse ponto que *Judas e Jesus: duas faces de uma única revelação* deixa de ser um relato histórico ou um romance russo para tornar-se um escrito "ortodoxo" que nesta "apocatástase"[35] nos lembra a fé cristã das origens onde todos serão salvos, "mesmo os malditos, mesmo os demônios". E isso não servirá de pretexto a um laxismo onde tudo é permitido, mas será um convite a uma vida livre da culpa e do medo, onde tudo seria ordem e caos, serenidade e violência, delícias e amargores...

---

35. Tendência teológica cristã iniciada com Orígenes, teólogo de Alexandria, no século III, a qual mistura elementos da gnose do platonismo e do cristianismo, afirmando, especialmente, uma restauração final de todos os seres, inclusive o demônio e os condenados (N.T.).

A aquiescência “àquilo que é” seria o primeiro passo rumo a um sentido que ultrapassa nossas racionalidades (o funcionamento binário de nosso cérebro), a realização de um real paradoxal:

> Aquele que era... que é...
> Aquele que vem...

Referências evangélicas

Acrescentamos a estes textos de referência relacionados a Judas o episódio da mulher adúltera e o relato da tentação no deserto, dois momentos-chave para a diferenciação entre Yeshoua e Judas no relato *Judas e Jesus: duas faces de uma única revelação*[36].

Judas, um dos doze

Mt 10,1-4: Tendo chamado os seus doze discípulos, deu-lhes Yeshoua o poder de expulsar os espíritos impuros e de curar toda classe de doenças e enfermidades. Eis os nomes dos doze apóstolos:

em primeiro lugar, Simão, cognominado Pedro,
e seu irmão André;
Tiago, filho de Zebedeu, e
seu irmão João.
Felipe e Bartolomeu; Tomé e
Mateus, o publicano;
Tiago, filho de Alfeu, e
Tadeu;
Simão, o Zelote (Simão Cananeu),
e Judas Iscariotes,
que foi quem o entregou

36. Os textos citados foram traduzidos do grego por Jean-Yves Leloup (N.E.).

Mc 3,13-19: Depois, subiu Yeshoua ao monte, chamou para junto de si aqueles que ele mesmo queria e eles se acercaram dele. Escolheu doze para serem seus companheiros e andarem com ele, e enviá-los a pregar, com o poder de expulsar os demônios. Escolheu estes doze: Simão, a quem sobrepôs o nome de Pedro, Tiago, filho de Zebedeu, e João, irmão de Tiago, aos quais pôs o nome de Boanerges, que quer dizer filhos do trovão; André; Felipe; Bartolomeu; Mateus; Tomé; Tiago, filho de Alfeu; Tadeu e Simão, o Zelote (Simão Cananeu), e Judas Iscariotes, que o entregou.

Lc 6,13-16: Naqueles dias, foi Yeshoua à montanha para orar. E passou toda a noite em oração a Deus. Quando raiou o dia, convocou seus discípulos (*matetes*) e escolheu doze deles, aos quais deu o nome de apóstolos (*apostolos*): Simão, ao qual chamara Pedro; André, seu irmão, Tiago; João; Felipe; Bartolomeu; Mateus; Tomé; Tiago filho de Alfeu; Simão chamado o Zelote (o Zelador); Judas, irmão de Tiago, e Judas Iscariotes, que se tornou traidor (*egeneto prodotès*) (cf. *I Jn: Kai o logos sarx ergeneto*).

Jo 6,63-71: É o Espírito (*pneuma*) que vivifica, a carne (*sarx*) não é necessária. As palavras que vos disse são o sopro (*pneuma*) e a vida (*zoe*). Mas existem alguns dentre vós que a ela não se unirão (*pisteousin*). Yeshoua sabia já desde o começo quais os que não acreditavam e quem havia de entregá-lo (*paradoson*). E acrescentou: É por isso que vos digo: "Ninguém poderá vir a mim se não lhe for concedido por meu Pai".

[...]

Não fui eu quem vos escolhi, a vós, os doze? No entanto, um de vós é um diabo (*diabolon*).

Ele falava de Judas, filho de Simão Iscariotes. Este o havia de entregar (*para didonaï*), sendo um dos doze.

A cena de Betânia

Jo 12,1-8: Ora, seis dias antes da Páscoa, Jesus foi a Betânia, onde morava Lázaro, que Yeshoua levantou de entre os mortos (*ou egeiren ek nekron*).

Tinham-lhe preparado uma ceia. Marta servia à mesa e Lázaro era um dos convivas. Maria, porém, tomou uma libra de genuíno perfume de nardo, de grande preço, ungiu (*eleifen*) com ele os pés de Yeshoua, e enxugou-lhe os pés com seus cabelos. A casa inteira se encheu com o aroma do perfume. Judas Iscariotes, um dos discípulos, aquele que o havia de entregar (*paradidonaï*), disse então: "Por que não se vendeu este perfume por trezentos denários a fim de dá-los aos pobres?" Dizia isto, não porque se preocupasse com os pobres, mas porque era ladrão (*kleptès*) e, trazendo a bolsa comum, roubava o que ofereciam.

Mas Yeshoua respondeu: "Deixa-a! Ela faz esses gestos para o meu sepultamento. Os pobres, vós os tereis para sempre, mas eu, vós não me tereis para sempre".

Mc 14,3-10: Estando Yeshoua em Betânia, à mesa, na casa de Simão, o leproso, veio uma mulher trazendo um vaso de alabastro com precioso perfume de puro e caríssimo nardo. Quebrando o vaso, derramou-o sobre a cabeça dele. E alguns dos presentes davam entre si mostras de indignação: "Para que tal desperdício de perfume? Poder-se-ia ter vendido este perfume por mais de trezentos denários, que se teriam dado aos pobres". E irritaram-se contra ela. Mas Yeshoua disse: Deixai-a! Por que a molestais? Foi uma boa obra a que ela me fez. Porque, pobres, sempre os tereis convosco; e podeis lhes fazer bem quando quiserdes; mas a mim, não me tereis para sempre. Ela fez o que pôde: antecipou-se a ungir-me o corpo para a sepultura. Em verdade vos digo: onde for anunciado este Evangelho, em todo o mundo, contar-se-á também, em sua memória, o que ela fez.

Então Judas Iscariotes, um dos doze, foi ter com os príncipes dos sacerdotes para lhes entregar Yeshoua.

Mt 26,6-13: Achando-se Yeshoua em Betânia, em casa de Simão o leproso, uma mulher aproximou-se dele com um vaso de alabastro, cheio de precioso perfume e lho derramou sobre a cabeça enquanto estava à mesa. Vendo isto, os discípulos indignaram-se, dizendo: "De que serve este desperdício? Este perfume podia ser vendido bem caro e o dinheiro dado aos pobres". Yeshoua percebeu-o e lhes disse: "Por que criticais essa mulher? Foi uma boa obra o que ela me fez. Pobres, sempre os tereis convosco, mas a mim, não me tereis sempre. Derramando este perfume sobre o meu corpo, foi para o meu sepultamento que o fez sepultar.

Em verdade (*Amen*) vos digo: onde quer que for pregada a Boa-Nova, em todo o mundo, será também narrado, em sua memória, o que ela acaba de fazer.

Então, um dos doze, chamado Judas Iscariotes, foi ter com os sumos sacerdotes e lhes disse: "Quanto me quereis pagar? E eu vo-lo entregarei (*paradoï*). Estes lhe fixaram trinta moedas de prata (*arguria*). E desde aquele momento ele procurava ocasião favorável para o entregar.

O lava-pés

Jo13,1-5: Antes da festa de Páscoa, Yeshoua, sabendo que era chegada a hora de passar deste mundo ao mundo do Pai, tendo amado os seus, que estavam no mundo, amou-os até sua realização (*telos*) e deu-lhes a extrema prova de amor.

Durante a ceia, tendo já o diabo (*diabolon*) insinuado no coração de Judas Iscariotes, filho de Simão, o desígnio de entregá-lo, sabendo que o Pai tinha posto tudo em suas mãos, e que, como tinha saído de Deus, para Deus voltava, levantou-se da mesa, tirou o manto, tomou uma toalha e cingiu-se com ela. Depois colocou água numa bacia, e começou a lavar os pés dos discípulos, e a enxugá-los com a toalha com que estava cingido.

Jo 13,10-11: Yeshoua disse a Pedro: "Aquele que se lavou não tem necessidade de lavar senão os pés, pois ele é inteiramente puro (*catharos*) e vós, vós sois puros, mas não todos. Porque Ele sabia qual era que o ia entregar, por isso disse: "não sois todos puros" (*catharoï*).

Jo 13,13-32: Quando, pois, acabou de lavar-lhes os pés, tomou as vestes, tornou a sentar-se e lhes disse: "Entendeis o que fiz convosco? Vós me chamais de Mestre e Senhor e dizeis bem, pois eu sou (*eimi*). Se vos lavei os pés, eu, o Senhor e o Mestre (*didascalos*), deveis lavar-vos os pés uns aos outros. Porque eu dei-vos o exemplo, o que fiz por vós, façais aos outros também *(amen, amen lego*), em verdade, em verdade eu vos digo: o servo não é maior do que o seu mestre, nem o enviado é maior do que aquele que o enviou".

A Última Ceia

Mt 26,20-25: Ao cair da tarde, sentou-se ele à mesa em companhia dos doze. Enquanto comiam, disse-lhes: "Em verdade (*amen lego*) eu vos digo que um de vós me há de entregar (*paradosis*)". Profundamente entristecidos, eles se entreolharam e começou cada um a perguntar: "Senhor, serei acaso eu?"

E Ele respondendo, disse: "Aquele que mergulhou sua mão no prato comigo, esse me entregará. O Filho do Homem vai partir segundo o que está escrito; mas (*ouaï*) infeliz daquele homem por quem o Filho do Homem será entregue! Melhor teria sido para esse homem não ter nascido".

Judas, que o entregou, tomou a palavra e disse: "Sou eu porventura, Rabi?"

Ele respondeu: "Tu o disseste".

Lc 22,21-23: Entretanto, eis que a mão de quem me há de entregar está à mesa comigo. E, na verdade o Filho do Homem vai segundo o que está determinado, mas (*ouaï*), infeliz do homem por quem ele será entregue.

Eles se entreolharam e puseram-se a indagar entre si qual deles seria o que haveria de fazer tal coisa.

Mc 14,17-21: Enquanto eles estavam à mesa e comiam, Yeshoua lhes disse: (*amen lego*) "Em verdade eu vos digo, um de vós vai me entregar, um que come comigo". Tomados de tristeza eles se entreolharam e um após outro lhe perguntou: "Sou porventura eu?" Ele lhes disse: "é um dos doze, que mergulha sua mão no prato comigo. Pois o Filho do Homem partirá segundo o que está escrito, mas (*ouaï*), infeliz do homem (*anthropo*) por quem o Filho do Homem (*anthropon*) será entregue, melhor fora a esse homem não ter nascido (*egenètè*).

Jo 13,17-32: Não falo de todos vós; sei os que escolhi; porém é necessário que se cumpra o que diz a Escritura: "O que come o pão comigo (*com-pagnon*) levantará o seu calcanhar contra mim. Desde agora vo-lo digo, antes que suceda, para que, quando suceder, creiais que "Eu Sou" (eu sou o que sou - *ego eimi*).

Amém, amém, eu vos digo, quem recebe aquele que eu enviar, recebe-me e o que me recebe, recebe aquele que me enviou.

Tendo assim falado, turvou-se seu espírito e Ele declarou solenemente: "*Amém, amém,* eu vos digo que um de vós me há de entregar" (*paradosoï*).

Os discípulos se entreolharam perguntando-se de quem ele falava. Um dos discípulos, aquele que Yeshoua amava (*ágape*), estava recostado sobre seu peito (*kolpo*). A este, pois, fez Simão Pedro um sinal: "Pergunte de quem ele fala". Inclinando-se na direção de Yeshoua, o discípulo perguntou: "Senhor, quem é esse?"

Yeshoua respondeu: "é aquele a quem eu der o primeiro bocado de pão molhado". Dito isso, Yeshoua pegou o bocado de pão, ensopou-o e deu-o a Judas Iscariotes, filho de Simão. E atrás do bocado, entrou nele Shatan (*Satanás*). Yeshoua lhe disse: "O que tens a fazer, faça-o rápido" (*poèson takion*).

Nenhum daqueles que estavam à mesa compreendeu por que lhe dizia isto.

Porque alguns, como Judas era o que tinha a bolsa, julgavam que Yeshoua lhe dissera: "compra o necessário para a festa", ou lhe houvesse ordenado dar algo aos pobres. Ele, pois, tendo recebido o bocado, saiu logo. E era já noite. Depois que Judas saiu, Yeshoua disse: "Agora é glorificado (*doxasei*) o Filho do Homem e Deus foi glorificado nele. Se Deus foi glorificado nele também Deus o glorificará em si mesmo e o glorificará dentro em breve".

A entrega e o seu preço

Mt 26,14-16 e **Mc 14,10-11:** Então um dos doze, que se chamava Judas Iscariotes, foi ter com os sumos sacerdotes para entregar-lhes Yeshoua. E eles alegraram-se com essa notícia e prometeram dar-lhe dinheiro. E Judas procurava ocasião oportuna para o entregar (*paradoï*).

Lc 22,1-6: Ora, aproximava-se a festa dos pães ázimos que se chamava Páscoa. Os príncipes dos sacerdotes e os escribas procuravam um modo de condenar à morte Yeshoua, porém temiam o povo.

Ora, entrou Satanás (Shatan) em Judas que tinha por sobrenome Iscariotes, um dos doze. Este foi ter com os príncipes dos sacerdotes e com os chefes da guarda do Templo para combinarem o modo de entregar Yeshoua. E eles ficaram contentes e prometeram dar-lhe dinheiro. Tendo Judas empenhado a sua palavra, pôs-se a esperar a ocasião oportuna para entregar Yeshoua sem que a multidão o soubesse.

Prisão de Yeshoua

Mt 26,47-50: Yeshoua ainda falava e eis que chega Judas, um dos doze, e com ele uma grande multidão com espadas e bastões, enviada pelos príncipes dos sacerdotes e pelos anciãos do povo. Aquele que o entregou tinha lhes dado esse sinal, dizendo: "A quem eu der um beijo, é esse; prendei-o".

Acabado de pronunciar essas palavras, ele aproximou-se de Yeshoua e disse: "Salve (alegra-te), rabi (*kairè rabbi*)". E deu-lhe um beijo (*katephilesen*). Yeshoua lhe disse: "Meu amigo (*étairé*), estás aqui para isto (*ephoparei*)".

Mc 14,43-46: E, ainda falava Yeshoua, quando chegou Judas Iscariotes, um dos doze, e com ele muita gente armada de espadas e bastões, enviada pelos príncipes dos sacerdotes, pelos escribas e pelos anciãos. Aquele que o entregou tinha lhes dado uma senha, dizendo: "Aquele que eu beijar (*philyso*), é esse, prendei-o e levai-o com cuidado".

E, logo que chegou, aproximando-se imediatamente de Jesus, disse-lhe: "Rabi" e beijou-o (*katephilesen*); então lançaram as mãos sobre ele e o prenderam.

Lc 22,47-53: Estava Yeshoua ainda falando, quando apareceu uma multidão, chefiada por um dos doze, chamado Judas. Aproximou-se ele de Yeshoua para beijá-lo (*philesai*). Yeshoua lhe disse: "Judas, é através de um beijo (*philemati*) que entregas o Filho do Homem (*anthropon*)".

Jo 18,2-12: Tendo acabado de falar, Yeshoua foi com seus discípulos para o outro lado da torrente do Cedron. Havia ali um jardim onde Yeshoua entrou com seus discípulos. Ora, Judas, que o entregava, conhecia bem o lugar, porque Yeshoua e seus discípulos lá se reuniam sempre. Tendo, pois, Judas tomado a coorte e guardas, fornecidos pelos pontífices e fariseus, foi lá com lanternas, archotes e armas.

Mas Yeshoua, que sabia tudo o que estava para lhe acontecer, adiantou-se e disse-lhes: "A quem buscais?" Responderam-lhe: "Yeshoua o Nazareno". Disse-lhes Yeshoua: "Eu Sou" (*ego eimi*).

Apenas, pois, Yeshoua lhes disse "Eu Sou", recuaram e caíram por terra. Perguntou-lhes novamente: "A quem buscais?", e eles disseram: "Yeshoua o Nazareno". Respondeu Yeshoua: "Já vos disse que Eu Sou (*ego eimi*). Se é, pois, a mim que procurais, deixai que estes se retirem". Para que se cumprisse, assim, o que tinha dito: "De todos aqueles que me deste, nenhum se perdeu. Mas Simão Pedro, que tinha uma espada, puxou dela e feriu o servo do pontífice e cortou-lhe a orelha direita. Este servo chamava-se Malco. Porém Yeshoua disse a Pedro: "Embainha tua espada. Deixarei acaso de beber o cálice que o Pai me deu?"

Morte de Judas

Mt 27,1-10: Ao romper do dia, todos os sumos sacerdotes e anciãos do povo reuniram-se em conselho contra Yeshoua para o condenar à morte. E, tendo-o amarrado, levaram-no ao governador Pôncio Pilatos.

Então, Judas, que o tinha entregado, vendo que Yeshoua tinha sido condenado, voltou a si[37]. Ele tornou a levar as trinta moedas de prata aos príncipes dos sacerdotes e aos anciãos, dizendo: "Pequei (*émarton*), entregando (*paradons*) sangue inocente". Mas eles disseram: "Que nos importa? Visses antes o que fazias".

E, tendo atirado as moedas de prata para o Templo, retirou-se e foi enforcar-se (*apegzato*).

Tendo recolhido o dinheiro, os sumos sacerdotes disseram: "Não é lícito repô-lo no tesouro do Templo, porque é o preço do sangue. E, tendo deliberado entre si, compraram com ele o campo do oleiro, para sepultar ali os forasteiros. Por esta razão aquele campo foi chamado Hacéldama, isto é, o campo de sangue, até o dia de hoje. Cumpriu-se assim o que tinha sido predito pelo Profeta Jeremias: "E tomaram as trinta moedas de prata, preço daquele que foi avaliado por alguns filhos de Israel; e deram-nas pelo campo do oleiro, conforme o Senhor me tinha ordenado".

At 1,15-25: Naqueles dias, levantando-se Pedro no meio dos irmãos – a assembléia constava de cento e vinte pessoas aproximadamente –, disse: "Irmãos! Tinha que cumprir-se a profecia que o Espírito Santo comunicara na Escritura pela boca de Davi, acerca de Judas, que se prestou a guiar aqueles que prenderam Yeshoua. Era ele um dos nossos e fora chamado para o mesmo serviço (*diakonias*). Este homem adquiriu um campo com o salário (*misthou*) da injustiça (*adikias*). Tombando de cabeça para baixo, arrebentou pelo meio (*alakesen mesos*), espalhando-se todas as suas entranhas. Toda a população de Jerusalém soube disso, tanto assim que em sua língua denominaram aquela propriedade de Hacéldama, o que significa "campo de sangue". Assim está escrito nos livros dos Salmos:

---

37. *Metamelétheis*: *meta*, "indo rumo àquilo que está além"; *léthé*, "esquecimento".

Fique deserta a sua moradia
e nela ninguém queira habitar,
que um outro receba o seu cargo [...].

Oraram, então, da seguinte forma: "Tu, Senhor, que conheces os corações de todos, mostra-nos destes dois o que escolheste para ocupar o lugar do serviço do apostolado, do qual se transviou Judas para ir ao seu lugar". E tiraram os seus nomes à sorte, e caiu a sorte em Matias e foi associado aos onze apóstolos.

A mulher adúltera

Jo 8: 1) Retirou-se Yeshoua para o Monte das Oliveiras. 2) E, ao romper da manhã, voltou para o Templo, acorrendo todo o povo a ele. Ele se sentou e começou a ensiná-los. 3) Os *sophérim*[38] e os fariseus trouxeram-lhe uma mulher apanhada em adultério; puseram-na no meio e disseram-lhe: 4) "Rabi, esta mulher foi agora mesmo apanhada em flagrante delito de adultério. 5) Ora, Moisés na lei mandou-nos apedrejar tais pessoas. Que dizes tu? 6) E diziam isto para o tentarem, a fim de o poderem acusar. Porém, Yeshoua, inclinando-se, pôs-se a escrever com o dedo na terra. 7) Continuando, porém, eles a interrogá-lo, reergueu-se e disse-lhes: "Aquele dentre vós que estiver sem pecado, atire a primeira pedra". 8) E, tornando a inclinar-se, escrevia na terra. 9) Mas eles, ouvindo isto, foram-se retirando um após outro, começando pelos mais velhos; e ficou só Yeshoua e a mulher que estava no meio. 10) Então Yeshoua, levantando-se, disse-lhe: "Mulher, onde estão os que te acusam? Ninguém te condenou?" 11) Ela respondeu: "Ninguém, Senhor". Então disse Yeshoua: "Nem eu te condenarei; vai, e não peques mais".

A tentação no deserto

Lc 4,1-13: Yeshoua, após ter sido mergulhado nas águas do Jordão por Yohanan, o Batista, foi conduzido pelo Santo Sopro

---

38. *Sophérim* (hebraico), *grammatos* (grego), *scribae* (latim): escribas letrados, conhecedores da Escritura, teólogos.

(*Pneuma*) ao deserto. Lá ele foi testado (*peirasmenos*) pelo diabo (*diabolon*) durante quarenta dias.

E não comeu nada nestes dias; e, passados eles, teve fome.

Disse-lhe, então, o diabo: Se és Filho de Deus (*iou tou theou*), dize a esta pedra que se converta em alimento (*arto*).

E Yeshoua respondeu-lhe: "Está escrito: o homem não vive só de pão, mas de toda a palavra de YHWH".

E o diabo conduziu-o a um alto monte e mostrou-lhe, num momento, todos os reinos da terra e disse-lhe: "Dar-te-ei o poder de tudo isto e a glória destes reinos porque eles foram-me dados e eu dou-os a quem me parece. Portanto, se tu te prosternares (*proskuneses*) diante de mim, todos eles serão teus".

E Yeshoua, respondendo, disse-lhe: "Está escrito: tu te prosternarás apenas na presença daquele que é (YHWH), apenas a ele renderás culto".

E levou-o a Jerusalém e o pôs sobre o pináculo do Templo e disse-lhe: "Se és Filho de Deus, lança-te daqui abaixo. Porque está escrito que Deus mandou aos seus anjos que tivessem cuidado de ti, e que te guardassem e que te sustivessem em suas mãos para não magoares o teu pé em nenhuma pedra".

E Yeshoua respondendo, disse-lhe: "Também foi dito: não tentarás o Senhor teu Deus".

E, tendo esgotado todas as formas de tentação, retirou-se dele o diabo esperando ocasião favorável (*kairos*).